David Cooper
Die Sprache der Verrücktheit
Rotbuch 193

David Cooper

Die Sprache der Verrücktheit

Erkundungen ins Hinterland der Revolution

Aus dem Englischen von Nils Lindquist

Rotbuch Verlag
Berlin

Dieses Buch ist gewidmet dem ersten Revolutionär.
In jedem von uns.

Die englische Ausgabe erschien im August 1978
unter dem Titel »The Language of Madness«

Die vorliegende Übersetzung wurde nach der vom Autor
durchgesehenen englischen Ausgabe vorgenommen

Satz und Druck Poeschel & Schulz-Schomburgk, Eschwege
Printed in Germany.
ISBN 3 88022 193 6

Inhalt

Ich erhalte viele Briefe, und es tut mir leid, daß ich sie meist nicht beantworten kann, da ich keine Sekretärin und keine feste Adresse habe – oft erreichen sie mich auch nicht, oder zufällig erst nach Monaten. Aber es ist immer möglich, menschliche Botschaften innerlich zu vernehmen, auch ohne förmliche Antwort.

Vorwarnung

Wir wollen es nicht mit Nietzsche halten, der verrückt wurde auf der Suche nach einigen wenigen, zu denen er sprechen konnte, oder die ungefähr dachten wie er. In unserem Kampf gegen all die bedrückenden Kräfte der Unterdrückung um uns her wissen wir, daß wir auch noch in der Fülle des uns aufgezwungenen Leidens soviel befreiende Freude finden, daß wir hinter dem verzerrten Antlitz der Verzweiflung noch immer genug von uns selbst aufspüren können, damit es ein kleines Fest wert sei: damit wir zumindest jene Befreiung finden, die genügt, um weiterzumachen im stets sich erneuernden Gefühl totaler Absurdität – einem Gefühl, das alle »persönlichen« Krisen aufbricht.

Die Gedanken, die ich in diesem Buch aussprechen möchte, sind sehr einfach:

1. Daß politisches Handeln nur bedeutet, das wiederzugewinnen, was uns genommen wurde, angefangen beim Wissen, beim Bewußtsein von unserer Unterdrückung im kapitalistischen System. Ich wende mich hier hauptsächlich an die, die in der kapitalistischen »ersten Welt« leben. Über die Repression in den bürokratischen sozialistischen Ländern werde ich später sprechen.

2. Daß das Bewußtsein von Unterdrückung erst mal ein Bewußtsein von *unserer* Unterdrückung ist – nicht von der Unterdrückung der armen anderen –, denn sonst gehörten wir ja zu jenen hochgelobten »professionellen Befreiern *anderer* Menschen«: gewissen Psychiatern, Priestern, Sozialarbeitern, Lehrern usw.

3. Daß wir unserer Unterdrückung in der allerunmittelbarsten Alltagserfahrung bewußt werden, in den Beziehungen mit den Angehörigen unsrer Familie, mit unseren Freunden, mit Menschen auf Straßen und Plätzen. Doch auch dank der erwachenden Erkenntnis, daß Früchte am Baum verfaulen, weil einfache Bauern sich nicht in einer parasitären Marktstruktur zurechtfinden, die verhindert, daß die Frucht ihrer Ernte auf den Tisch der anderen Arbeiter gelangt, die wiederum sie – durch ihre Arbeit – versorgen.

4. Daß wir, die wir in den kapitalistischen Ländern leben, gegen alle Mystifikationen der kapitalistischen Zensur in den Massenmedien und im Bildungswesen kämpfen müssen, besonders gegen den »aufgeklärten Liberalismus« und die Ideologie des Familialismus – du kannst ein gutes Gehalt beziehen, wenn du Kinder zu billigen Arbeitskräften abrichtest, die das zwangsläufig wachsende Heer der Arbeitslosen mit Nachschub versorgen, oder wenn du sie darauf konditionierst, Opfer der Psychiatrie, Delinquenten, Kanonenfutter des Kapitalismus, Söldner jener »Menschen« zu werden, in deren harten, faschistischen, geschäftsmäßigen Gesichtern sich die Tragödie ihrer gewalttätigen, vergewaltigenden Ohnmacht abzeichnet.

5. Daß wir erkennen, wie Massen von »Humanwissenschaftlern« – Psychologen, Psychiatern, alle Arten von Lehrern, Reformern und Managern – in den kapitalistisch-faschistisch-imperialistischen Ländern produziert werden, um verstärkt jene Definitionen von Normalität zu reproduzieren, wie sie durch die herrschende Klasse (kurzfristig) recht geschickt, aber (auf längere Sicht) idiotisch festgeschrieben werden. Solche Normalisierung zwingt den Menschen Bedürfnisse auf, statt ihre wahren Bedürfnisse anzuerkennen.

6. Daß die kapitalistischen Länder (z. B. des romanischen Europa) längst nicht mehr der emanzipatorischen Kräfte ihres eignen Proletariats Herr werden – ganz zu schweigen vom Proletariat der Dritten Welt (z. B. heute schon, und besonders, in China, Kuba, Vietnam, Mozambique oder Angola – überhaupt in der Dritten Welt).

7. Daß die Todeskämpfe des Kapitalismus durch alle revolutionären sozialistischen Kräfte vorangetrieben und seine Widersprüche voll entfaltet werden müssen – was nicht nur für die bewaffnete Macht der Länder des realen Sozialismus gilt, die gegenwärtig von großer Bedeutung für die Befreiung der Dritten Welt ist (zumindest im Hinblick auf kommende Veränderungen in den USA und in Westeuropa), wenn nicht gar für die Menschen dieser Länder selbst, weil auch sie gewiß etwas andres anstreben: *ihre eigene soziale Revolution* – eine Liberation, die nicht nur ein weiterer »Liberalismus« ist.

8. Daß es z. B. eine »gute Sache« ist, wenn die Sowjetunion

1936 psychologische Tests als klassistische (heute erkennen wir sie auch als rassistische und sexistische) Technologie ächtete und daß sie 1950 die Lobotomie, diese psychochirurgische Operation abschaffte, die 1935 vom portugiesischen Faschisten Egas Moniz erfunden worden war. *Aber* daß es eine noch »bessere Sache« wäre, wenn alle Psychotechniken, einschließlich der chemischen und physischen Manipulation – sowie deren kommerzialisierte Versionen in der kapitalistischen Welt (Alternative Therapien) abgeschafft würden. Was wir stattdessen brauchen, ist die politische Wiederaneignung[1] der Verstörung – bei der die Menschen sich wieder aneignen, was das repressive System ihnen genommen hat. Und zwar durch die Wiederentdeckung des Orgasmus und der Verrücktheit (auch der Verrücktheit des Künstlers) als radikales Bedürfnis nach einer Erneuerung des Menschen. Nur dieses Bedürfnis wird die »politische (infrastrukturelle) Revolution« einer Veränderung der Produktionsverhältnisse mit der »sozialen Revolution« vereinbaren – die von dem Leben, das die Menschen leben, zu jenem führen wird, das sie lieben. Wenn dies 1917 noch nicht möglich war – heute ist es möglich. Verrücktheit ist ein gemeinsamer sozialer Besitz, der uns gestohlen wurde, genau wie die Realität unserer Träume und auch unseres Todes: wir müssen uns diese Dinge politisch wiederaneignen, damit sie in einer verwandelten Gesellschaft wieder zu Kräften der Kreativität und Spontaneität werden.

9. Daß es absurd ist, von einer »Abschaffung« der Diktatur des Proletariats zu sprechen. In gewissen Situationen ist diese Abschaffung eindeutig unmöglich. In anderen können wir bereits anfangen, die Grenzen möglichen Handelns *innerhalb* des bourgeoisen Machtsystems zu erkunden. Proletarischer Internationalismus bedeutet die Anerkennung des Rechts auf verschiedene Formen des nationalen »praktischen Kommunismus«, die sich doch in einem Punkt einig sind: der totalen Opposition gegen Kapitalismus, Faschismus und imperialistischen Krieg. Zuerst aber müssen wir durch eine Art Agonie hindurch den Proletarier in jedem von uns finden. Im alten Rom war der Proletarier der Niedrigste in der Gesellschaft, dessen einziger Zweck war, gesunden Nachwuchs für den Staat zu produzieren; wenn wir heute unse-

ren proletarischen Charakter erkennen (wie wir auch die Dritte Welt in unserem Herzen, und nicht nur in Asien, Afrika oder Lateinamerika entdecken), wollen wir wunderschöne Monster produzieren, die das System, das uns unterdrückt, verschlingen werden.

10. Daß revolutionäre Moral nichts andres bedeutet als die Überwindung der etablierten familialistischen Pflichtmoral, die auf dem Schuldgefühl beruht: daß sie die Schaffung von Solidarität und Vertrauen zwischen uns allen bedeutet – begründet auf die voll bewußte Kenntnis und daher mißtrauische Ablehnung des repressiven Systems, das uns gefangen hält. Sie bedeutet, daß wir die familiären Fallen der Eifersucht, des Neides, der Besitzansprüche und vor allem jeglicher *Schuldbarmachung* – durch die wir den anderen dazu bringen, sich schuldig zu fühlen, um ihn besser zu kontrollieren – vermeiden, aber auch die aggressive Gewalt des eigenen »Sich-schuldig-fühlens«: die große Ausflucht. Revolutionäre Moral bedeutet das Erringen von Autonomie, und Autonomie kann sich *per definitionem* nicht auf die Einschränkung der Autonomie eines anderen gründen.

11. Daß revolutionäre Liebe auch Töten bedeuten kann – aber nicht als Gewalt, sondern als Gegengewalt. Revolutionäre Liebe ist Gewalt, die gegen die bourgeoise Gewalt in all ihren Formen der Unterdrückung, der Verdummung und der einfachen, allgegenwärtigen Lüge gerichtet ist. Eine der wirksamsten Waffen der Gegengewalt ist unsere persönlich-kollektive Poesie, unser Werk (poësis). Die metaphorische, aber sehr wirksame Ermordung unserer Mörder.

12. Daß wir zu viele Wörter sagen, während wir zu wenig zu sagen haben. Wissend, daß es beinah genug, beinah zuviel ist – aber dann dürfen wir anfangen.

Es gibt keine Hoffnung.
Es gibt nur permanenten Kampf.
Das ist unsere Hoffnung.
Das ist ein erster Satz, in der Sprache der Verrücktheit.

Viele Briefe, die ich empfange, sind Gaben, wenngleich manche den Doppelsinn der »Gabe« zeigen. Ein Brief, der mir wirklich etwas gab und den ich beantwortete, kam von einem im Ruhestand lebenden englischen Clown, dem Clown Roma, der mit seinem Hündchen Bobby Hooligan in einem Wohnwagen an den Ufern eines Flusses in Norfolk haust. Er schickte mir ein von Akrobaten bevorzugtes Rezept gegen Rückenschmerzen, das auch wirklich hilft, nämlich warmes Olivenöl, von der Hand eines Menschen aufgetragen – aber es kommt auch darauf an, wer dieser Mensch ist.

Eine ganz entscheidende Erfahrung meines Lebens war, als ich im Alter von vier Jahren – in einem Zirkus in Kapstadt – in Tränen ausbrach, weil ich glaubte, der Clown sei wirklich vom bösen Zirkusdirektor verletzt worden. Ich war ganz untröstlich, bis der Clown über die Sitzreihen heraufgestiegen kam, um mir zu sagen, daß der Schmerz nur Illusion, nur Glauben-machen sei. Ich war vier Jahre, und er machte mich wirklich glauben.

Dies fällt mir nur ein, weil wir alle im Zirkus (oder im Konzentrationslager) agieren.

Wie sollen wir einander glauben machen, ohne zu viele neue Glauben zu machen? Dieses Buch will unter andrem helfen, den Unglauben an die Unvermeidlichkeit der Dinge, die uns bedrücken, zu wecken.

Eine letzte Warnung an Verzweifelte, die dieses Buch vielleicht lesen. *Es gibt keine Beispiele und Vorbilder, ganz gewiß nicht meines. Was für den einen notwendig ist, ist keineswegs für einen anderen notwendig. Jeder von uns hat seine eigne Verrücktheit, seinen eigenen Weg.* Wir können unseren Weg nur finden, wenn wir freudig, und sei es verzweifelt, unsere volle Autonomie und die totale Verantwortung für unser Leben übernehmen. Wir finden unsere Freiheit in einer Welt, die wir verwandeln, indem wir unsere Freiheit gebrauchen. Sonst gibt es keine Freiheit – nur manchmal das Fehlen von Zwang. Freiheit ist ein menschliches Produkt. Sie wird uns nicht geschenkt. Wir erringen sie – gegen alle Widerstände.

Für alle Widersprüche auf diesen Seiten bin ich selbst verantwortlich. Einige aber gehören der ganzen Menschheit zu.

Kapitel 2, über Radikale Bedürfnisse, ist weitgehend eine Zusammenfassung der Seminare, die ich im Dezember 1975 am Collège de France hielt.
Kapitel 3, über Orgasmische Politik, ist die ausführlichere Version eines Referats, das ich beim International Congress of Psychoanalysis on Sexuality and Politics im November 1975 in Mailand hielt.
Kapitel 5, über die Begründung der Nicht-Psychiatrie, enthält Material aus einem Artikel: *Ipotesi per una non-psichiatria*, geschrieben für die italienische Zeitschrift VEL, herausgegeben von Armando Verdiglione, Mailand, 1975.
Anhang I, »Was ist Schizophrenie«, ist die Zusammenfassung (und Erweiterung) einer Rede, die ich unter diesem Titel beim Tokyo Congress of the Japanese Society of Neurology and Psychiatry, Mai 1975, hielt.
Ich danke Franca Crespi, Mailand, für ihre heroische Mühe beim Tippen dieses Manuskripts.
Und den Studenten der Universität von Paris VIII, Vincennes – dafür, daß sie tatsächlich nicht wollten, daß ich Psychopathologie lehrte.

D. C.
Paris, Februar 1977

I

»Ich hörte Stimmen sagen: ›Er ist sich seines Lebens bewußt‹.«
Ein typischer Schizophrener, zitiert in Price: Textbook of the Practice of Medicine, 9. Auflage

Die gängige Romantisierung der Verrücktheit hat keine Zukunft. Die Politisierung der Verrücktheit ist unerläßlich, wenn wir eine Zukunft schaffen wollen.[1]

Die Sprache der Verrücktheit

Die Verrücktheit, über die ich schreibe, ist die Verrücktheit, die mehr oder minder in jedem von uns steckt, also nicht nur jene Verrücktheit, die psychiatrisch abgesegnet wird durch die Diagnose »Schizophrenie« oder andere, von den spezialisierten Psychopolizisten dieser Endphase der kapitalistischen Gesellschaft erfundene Etiketten. Wenn ich also von »Verrückten« spreche, meine ich nicht eine bestimmte Menschenrasse, sondern der Verrückte in mir spricht zum Verrückten in dir, in der Hoffnung, daß der eine Verrückte klar und laut genug spricht, damit der andre es hört.
Sprache der Verrücktheit, das ist die Art, wie diese universelle Verrücktheit ausgedrückt wird, nicht nur in gesprochenen, hörbaren Worten, sondern in einer bestimmten, die Erfahrung durchkreuzenden Form des Handelns – und dies ist der »verrückte Diskurs«.
Man würde sich zum Gespött machen, wollte man systematisch über einen Diskurs schreiben, der das systematische Denken demontiert. Vielleicht aber können wir die Wahrheitskraft und schließlich die periodisch wiederkehrende Notwendigkeit einer solchen Demontage zeigen, indem wir uns abwechselnd um scheinbare Exaktheit des Ausdrucks bemühen und diese in entscheidenden Momenten doch wieder verspotten.
Wir leben im Kontext einer Sprache, die wir zwar selbst erfunden haben, die uns aber trotzdem beherrschen kann, weil

wir in unsrer Alltagspraxis ihre Wurzeln aus dem Auge verloren haben, die vielleicht 6000 Jahre in die Geschichte zurückreichen ... wohl ein winziger Happen vom Apfel der Zeit, aber doch immerhin eine Zeitspanne, die ausreichte, um die Herrschaft der Sprache zu errichten.

Diese »Sprache« – und dies bedeutet all das, was uns gemeinsam und in unsrer Kommunikation gegenwärtig ist, etwa hinsichtlich unserer Struktur und der Art und Weise, wie wir neue Strukturen bilden – umfaßt alle gebräuchlichen Sprachen, die wir sprechen, wie Isländisch, Französisch, Englisch oder Japanisch. Sie umfaßt aber auch wichtige Elemente wie den Klang unserer Stimme, die Art, wie wir einander ansehen, uns bewegen, unsere Handlungen einschätzen; und diese begründen eine Ungewißheit, eine notwendige Ungewißheit darüber, wie genau – und genau wie – wir uns ausdrücken, sowie darüber, was dieser Ausdruck – was immer er sein mag – für den anderen bedeutet, der ihn, wie wir annehmen, empfängt oder empfangen sollte. Wir tun so, als verstünden wir zum größten Teil die Kommunikation des anderen, ja, als sei sie sinnvoll, während sie das für uns gar nicht ist – und das heißt, wir filtern unsern eigenen Sinn aus dem (uns) kommunizierten Unsinn des anderen.[2]

Vielleicht liegt das Problem in der »Exaktheit«. Wir betrachten gewisse Strukturen, welche definierbare Gesetze der logischen Ordnung (vielleicht nicht klar formalisierte Gesetze, die für solche Strukturen typisch sind, wie auch allgemeinere Gesetze) implizieren, und zwar in einer Reihenfolge, in der die Gesetze selbst wiederum diese Struktur implizieren. Dieses geschlossene System ist als Ausgangspunkt der Analyse ungeeignet, denn es leugnet die Veränderbarkeit von Geschichte (schriftlich festgehaltener, gewollter menschlicher Veränderung), die jegliche Exaktheit unmöglich, ja nicht mal wünschenswert macht.

Wir leben nicht von der Gewißheit der Strukturen, sondern von ihrer »präzisen Unmeßbarkeit«.

Zuviel Sicherheit macht, daß wir uns unsicher fühlen. Wo nicht, sollte sie es doch vielleicht.

Die Logik einer voll verwirklichten Sexualität z. B. gehorcht nicht irgendwelchen quasi aristotelischen Gesetzen, wie etwa: »Du kannst nicht in einem Zustand und zugleich im entgegengesetzten Zustand sein«. Aber auch das Gegenteil dieser seltsamen Logik gibt es nicht – daß du beides in ein und demselben Moment sein kannst: daß du den Kuchen aufessen und ihn doch behalten kannst.

Die Anti-Logik besteht darin, den Kuchen zu *nehmen* und aufzuessen, denn dies ist die einzige Möglichkeit, ihn überhaupt zu haben, und das »ihn haben« zu erfahren (wie auch das Aufessen zu haben). Und genau hier setzt der verrückte Diskurs ein. Die Sprache der Verrücktheit ist der dauernde Flip von Worten in Taten, *bis der Moment erreicht ist, wo das Wort reine Tat ist.* Der psychoanalytische Diskurs reduziert die normale verbale Ausdrucksweise mit all ihren Deformationen (einschließlich des akademischen Diskurses in allen wissenschaftlichen Disziplinen, die mittlerweile wirklich spekulativ werden, wenn sie sich selbst anzweifeln und zu ergründen suchen) auf den Ausdruck früherer expressiver Seinsweisen. Der verrückte Diskurs streift durch alle Randgebiete, greift in Regionen aus, wo er nichts mehr findet – allerdings ein wichtiges, spezifisches Nichts, das gerade in dem Maß kreativ ist, wie es nicht durch die Normalisierungstechniken der Gesellschaft zerstört wird.[3]

Viele Psychoanalytiker, die bereits die Posaune des Jüngsten Tages zu hören glauben, haben sich überwunden und Freuds mechanistisch-biologistische Reduktionen zugunsten von Konstruktionen aufgegeben, die eher auf eine Dialektik der Persönlichkeitsveränderung zielen. Aber da ist stets dieses numinose »Es«, das spricht (Ça qui parle). »Es« ist jene mysteriöse Region, zu der, wenigstens was das Verständnis betrifft, nur Psychoanalytiker Zugang haben, während sie (wie meistens der Fall) keine Beziehung mit dem anderen Menschen, mit dem Analysanden eingehen wollen. »Es« ist das, was du willst, wenn du nicht weißt, was du willst (oder »es ist mir entfallen«, »es ging über meinen Verstand«, »ich hätte nie daran (an ›es‹) gedacht«). Der Psychoanalytiker als Eingeweihter jener symbolischen Ordnung, wo der symbolische Phallus der höchste Bezeichner (all der konkreten Dinge im Erleben des Analysanden) ist, unterhält einen Quasi-Dialog mit dem »Es« – einen Dialog, der im Prinzip über den Kopf des anderen Menschen hinweggeht.

Damit hat der Verrückte nichts zu schaffen!
Und was den Phallus betrifft, so setzt er sich über das »Es« hinweg und ergreift ihn (den Phallus!), macht ihn – und Es – zu seinem eignen.
Der Verrückte reißt die symbolische Ordnung ein, indem er den Phallus und jeden andren Bezeichner entweder berührbar oder zunichte macht! Er weigert sich, seine Erfahrung auf eine saubere, klare Grammatik reduzieren zu lassen und kann auf den Psychoanalytiker verzichten, der drei Meter hinter ihm sitzt und in andere Welten stiert, wobei er nur auf das »Es« lauscht, und nicht auf die Dinge, die über reale, kollektive gesellschaftliche Erfahrungen gesagt werden. Den Verrückten interessiert es nicht, daß »das Unbewußte wie eine Sprache strukturiert« sei – die Sprache ist's, die wie das Unbewußte strukturiert werden muß (in dem Sinn, wie ich es später im 4. Kapitel zu definieren versuche)!
Andrerseits wissen wir, wie schlimm und gefährlich es ist, die vertraglichen Grenzen der psychoanalytischen Situation zu überschreiten: die Grenzen von Zeit und Geld, das Sich-entziehen, die vorgeschriebene Unterwerfung und Folgsamkeit, das implizite Ziel der Normalisierung und Konformität (mag dies theoretisch noch so sehr geleugnet werden) und vor allem das in der Situation implizit angelegte Familienmodell. Die subtile Verstärkung familialer Erfahrungsweisen ist eine der schlimmsten psychoanalytischen Fallen. Anti-Psychoanalyse[4] – und diese ist nichts andres als eine Art politischer Erziehung, die unabhängig vom mikrosozialen Kontext der Psychoanalyse funktioniert – muß sich mit der *Defamilialisierung des Diskurses* befassen und dabei das Familienmodell der Erfahrung (jenes im Begriff der Übertragung enthaltene Modell) verlassen und zur politischen Analyse von wirklichen, gegenwärtigen Beziehungen (wie auch Träumen und Tagträumen) übergehen, die in ihrem Makrokontext betrachtet werden – wobei die Familie nur *ein* Vermittler der makropolitischen Repression ist.
Verrücktheit (im Gegensatz zu den meisten Interpretationen von »Schizophrenie«) ist ein Schritt hinaus aus dem Familialismus (und der nach dem Familienmodell geprägten Institutionen) – *hin zur Autonomie*. Dies ist die eigentliche Gefährlichkeit der Verrücktheit, und der Grund für ihre

gewaltsame Unterdrückung. Die Gesellschaft sollte am liebsten eine einzige große Familie mit Scharen folgsamer Kinder sein. Man muß schon verrückt sein, um einen so begehrenswerten Zustand nicht zu wollen. Und Verrücktheit wird bestraft (»mad« = verrückt, und »maim« = verstümmeln haben die gleiche germanische Wurzel).[5] Wenn du nach der normalen gesellschaftlichen Definition verrückt wirst, geschieht dir in der Psychoanalyse meist nichts andres als die übliche psychiatrische Interaktion mit all ihrer gewaltsamen Zurichtung, bis schließlich deine Sprache – Worte und Taten – wieder normal-»grammatikalisch« und normal-banal wird.

Der verrückte Diskurs, als Öffnung zur Welt, geht genau in die, dem psychoanalytischen Diskurs entgegengesetzte, Richtung. Auf das Thema, daß *aller Wahn eine politische Aussage ist* (und daß alle Verrückten politische Dissidenten sind) komme ich später noch zurück. Hier will ich lediglich ein paar fällige Überlegungen zur Psychoanalyse im allgemeinen anfügen.

Die Psychoanalyse wird gepriesen, gefürchtet und kritisiert als ein wasserdichtes System, das nicht widerlegt werden kann, weil jede Widerlegung ihrerseits psychoanalytisch auseinandergenommen werden kann; mit anderen Worten, sie ist ein Sack, in den du erst hineinschlüpfen mußt, bevor du dich aus ihm befreien kannst – aber einmal drin, bist du es meist für immer.

Tatsächlich aber liegt die Sache ganz anders: die Psychoanalyse hat nur die Wahl, entweder böswillig gesagte Wahrheit oder gutgläubig gesagte Lüge zu sein. Keine beneidenswerte Wahl. Daher auch ihr übliches, endloses und schwindelerregendes Schwanken zwischen beiden Positionen. Wenn sie von einem philosophischen Dramaturgen wie Jacques Lacan »gemacht« wird, mag man ihr mit Liebe, Faszination und poetischem Respekt begegnen. Oder auch *nicht*. Die Wahl steht frei. Wenn sie von »Wissenschaftlern« »praktiziert« wird, muß man ihr mit unpersönlicher politischer Ablehnung begegnen. *Das eigentliche Problem mit der Psychoanalyse ist, daß so viele Menschen so tun, als wäre sie wahr.*

Wenn die Leute schon so tun, als wäre die Psychoanalyse wahr, dann sollten sie sich vielleicht auf sie einlassen – wenn auch nur, um sich zu vergewissern, daß sie sich von ihr befreien können. Nachdem ich selbst ein paar gute Erfahrungen mit der Psychoanalyse gemacht habe, will ich ganz gewiß niemandem von ihr »abraten« – und jedenfalls ist es eine Unmöglichkeit *a priori*, daß jemand einem anderen rät, was er mit seinem Leben machen soll; das menschliche Leben läßt sich nicht reparieren wie ein kaputtes Auto.

Meine Kritik an der Psychoanalyse bezieht sich auf:

1. Die Mystifikation ihrer reduktionistischen Theorie (siehe Kapitel 4, »Verbindungen«, erster Abschnitt);
2. die Mikropolitik der analytischen Situation – der therapeutische Vertrag, der Dinge wie Zeit, Geld usw. regelt, verlangt ein Akzeptieren des Kapitalismus, wie er sich in der Arbeitssituation und Lebensform des Analytikers verkörpert. Ist dies etwa das notwendige Akzeptieren der »Realität«? Aber wir wollen die kapitalistische Realität nicht akzeptieren, sondern ihrer Unterdrückung bewußt werden, und zwar auf die einzig mögliche Art und Weise: in der Arbeit an ihrer Veränderung. Sonst spielen wir einem schlimmen System der interpersonellen Herrschaft durch Mystifikation in die Hände.
3. Ihre familialistische Ideologie: nichts »gegen die Familie« – aber alles gegen die Reduktion realer Lebens- und Arbeitsprobleme auf die persönliche Problematik von Selbst und Familie oder Familien-ähnlichen Anderen. Die Psychoanalyse – insofern sie ein die Familie schützendes System der un-orgasmischen Verdummung von Menschen schafft – wirkt als parafaschistisches Mittel der ideologischen Verhärtung. Darüber hinaus ist sie geeignet, junge »linke Intellektuelle« wiederherzustellen – durch ihre sensiblen Sinnverschiebungen (glissements), besonders in ihrer neuesten, autorisierten Lacan'schen Version. Brich auf in einen reinen klaren Raum der Begegnung; und du gelangst dorthin, wo niemand mehr ist.

Lacan, dieser menschliche Experte im Reich des nicht-menschlich »Grammatischen« hat genug gute und richtige Dinge gesagt, um ihn vom Vorwurf auszunehmen, er rede moralisierend in familialistischen Begriffen. So etwa sagt er in seinem *Propos sur la causalité psychique* (Paris 1947), daß »Wahnsinn« alles andre als eine Bedrohung der Freiheit ist und vielmehr der Freiheit als ihr Schatten folgt. Menschlich zu sein bedeutet immerhin, daß wir nicht menschlich sein können, wenn wir, miteinander redend, die Verrücktheit als Grenze unserer Freiheit ignorieren.

Ganz praktisch bedeutet dies: wie sollen wir weiterleben und Kinder aufziehen, ohne erneut die bourgeoise Kernfamilie, diese Grundlage des Ödipus, zu erfinden? Es bedeutet, daß das Paar bereit ist, sich in gegenseitiger symbiotischer Zoophilie in sich selbst zu verlieren – Tier genug, um seine menschlichen Aspekte beiseite zu lassen. Den Kindern gebührt das Recht, ihre eignen Beziehungen außerhalb der Schematisierung des biologischen Elternpaars einzugehen. Noch praktischer ausgedrückt, bedeutet dies, daß wir in Solidarität unsere Revolution machen und in diesem gemeinsamen Tun den Sinn unseres verrückten Diskurses finden.

4. Ihre zunehmende makropolitische Funktion in repressiven Institutionen, z. B. Sonderschulen, oder vor Gericht (siehe den Prozeß gegen Pelosi, wegen Mordes an Pasolini, Rom 1976), in psychiatrischen »therapeutischen Gemeinschaften« und in der Gemeindetherapie (siehe Robert Castel, *Le Psychanalysme*, Paris 1973, dt. Übs.: *Psychoanalyse und gesellschaftliche Macht*, Fischer Athenäum, Frankfurt 1975)

5. Der Psychoanalytiker könnte nicht funktionieren, nicht einmal überleben, ohne seinen Vertrag der Nichtbegegnung und ohne seine völlig defensive Theorie, die – mit einer gewissen verführerischen inneren Logik – auf einer falschen und verfälschenden Version der Kindheitserfahrung und einem Pseudowissen vom Menschen beruht. Seine Praxis, mit ihrer vertraglich geregelten Strategie und ihren absichernden theoretischen Abwehrmitteln, läuft auf eine ultrarepressive Normalisierung hinaus. Daneben gibt es auch die »gescheiterten Spinner« (die »erfolgreichen« sind fast völlig zerstört), die das Bedürfnis haben, über sich selbst zu sprechen, denn ihr Scheitern besteht gerade darin, daß sie sich nicht *tun* können (und »es« daher nicht tun können). Dies ist der »psychoanalysierbare« Bereich des Neurotikers. Ein junger Psychiater, den ich unlängst kennenlernte, meinte, er würde sterben, falls er zu reden aufhörte. Also redete er die

Nacht hindurch, und als wir andren am nächsten Morgen erwachten, redete er noch immer. Darum schlug ich ihm vor, er solle doch mal einen guten Freund von mir besuchen, der – ohne Witz – zufällig Psychoanalytiker ist. Seit ein paar Monaten redet er nun etwas weniger. Und vielleicht fängt er an, dabei sich selbst zuzuhören. Dann wird er hoffentlich noch weniger reden. Wenn also in der Psychoanalyse manchmal etwas Gutes passiert, hat es meist nichts mit der Technik und der Ausbildung des Psychoanalytikers zu tun, sondern mit der menschlichen Qualität (einer politischen Eigenschaft) der beiden Beteiligten.

Da wir erkennen, *daß die meisten von uns im Lauf unsres Lebens nur sehr wenig über sich zu sagen haben (vielleicht vier oder fünf Dinge, oder zwei oder eins)*, sollten wir uns vielleicht lieber eine Zusammenfassung dessen ausdenken, wo wir »drauf« sind. Unsere Konditionierung durch Erziehung und Familie verlangt vielleicht, daß wir einen ungeheuren intellektuellen Umweg machen (z. B. Sartres *Kritik der dialektischen Vernunft*, und frühere oder spätere philosophische Reisen so vieler anderer), nur um einen einzigen, beinah simplen Ausgangspunkt zu erreichen, der zugleich auch ein Zielhafen ist. Dies mag für viele von uns wertvoll und notwendig sein – aber der Verrückte braucht nichts dergleichen. Er bleibt, wo er ist, und dies ist seine Art der Bewegung. Welche Ketzerei! So viele Menschen reden von ihrem Bedürfnis, eine »Reise« durchs Verrücktsein zu machen, um sich zu »befreien«, um zu entdecken, wer sie sind, um einen »Ort der Wiedergeburt« zu finden usw. Es wird allmählich Zeit, solchen Reisen »gute Reise« zu sagen.

Auf derlei großartig banale, wenn auch modische Projekte muß der Verrückte verzichten, dem nicht nur die literarische, sondern gar die grammatikalische Fachbildung fehlt – oder besser: der darauf verzichtet hat – und der nicht etwa deshalb nie von »Reisen« spricht, weil ihm das normale »Bargeld« (= Techniken des Nicht-Seins) fehlt, um diese zu buchen, sondern eigentlich, weil er nicht das Bedürfnis verspürt, jemandem etwas für gar nichts zu bezahlen.

Solcher Art sind die Metaphern des Kapitalismus. Metapher, das ist die Veränderung oder Übertragung einer Sinnbedeu-

tung aus einer Situation, in der die Dinge buchstäblich das zu sein scheinen, was sie zu scheinen (zu »sein«) scheinen, auf eine andere Situation, in der ein Wort ausgewechselt wird, damit die Rede weniger buchstäblich, aber dafür exakter wird – im Sinn einer Poesie der Verrücktheit (oder Verrücktheit der Poesie). Was also ist es, das die Sprache der Verrücktheit vom Diskurs der Poesie unterscheidet? Und welchen besonderen Sinn – möglicherweise revolutionären Sinn – können wir in dieser Absurdität finden?
Wir finden, daß Metapher,[6] Metonymie,[7], Synekdoche,[8] die Figuren (Gesichter) der Sprache in Wirklichkeit eine radikale Entnormalisierung der Sprache – oder »Demystifikation« der normalen Sprache sind. Die Sprache wird »gesichtslos«, aber auf besondere Weise. In der Poesie gibt es eine Vielfalt der Besonderheiten – die Poesie als künstlerische Disziplin ist spezifisch definiert durch die spezifische Verletzung gewisser spezifischer Regeln, die ansonsten Sprache normalisieren: Regeln, welche die Sprache zum Instrument der Ablenkung und Versklavung machen, statt sie für den Ausdruck autonomer menschlicher Bedürfnisse *brauchbar* zu machen.[9]
Gleichwohl hält der Poet im Interesse der Selbsterhaltung Kontakt zur Welt der Normalen – was der Verrückte nicht tut, denn obwohl bei ihm wie beim Poeten die uralten Wurzeln des Denkens bis in eine vormenschliche Geschichte zurückreichen, ist er doch der Möglichkeit beraubt, moderne Strategien einzusetzen. Irgendwie werden wir wieder ins Zeitalter der aufrecht gehenden Affen zurückversetzt, wiedergeboren mit einem weniger starken Trieb zum Autogenozid (Völkerselbstmord), als wir ihn haben. Das Ideal einer Wiederherstellung anthropoider und prä-anthropoider Lebensweisen ist nicht dasselbe wie Rousseaus Ideal des »edlen Wilden« – es ist ziemlich genau das Gegenteil. Wir kehren in diese ferne Zeit zurück, nicht um dort zu verweilen, sondern um unseren evolutionären Ursprung wiederzugewinnen und ihn einer Zukunft ins Gesicht zu schleudern – einer Zukunft, die noch niemand besitzt und niemand besetzt hat, weil sie von der Art jener leeren Zukunft ist, die uns in jedem Augenblick, da wir uns ihr nähern, durch ihre Schrekken terrorisiert. Weil wir kein klares Klassengefühl haben,

weil wir über keinerlei bewußte Definition der Formen unserer gegenwärtigen Unterdrückung verfügen. Und gerade weil es uns völlig an Bewußtsein fehlt, verstehen wir – unter andrem – nicht, eine Gesellschaft mit minimaler Technologie zu schaffen, die eine Gesellschaft der minimalen Umweltzerstörung (in jedem Sinn) und der maximalen freien Zeit wäre.

Wie der Poet, so leugnet auch der Verrückte den Wittgenstein'schen Satz, daß man schweigen soll über das, was man nicht sagen kann (*Tractatus logico-philosophicus*). Gerade das Unsagbare und Unaussprechliche ist's, das im verrückten und poetischen Diskurs ausgedrückt sein will. All dies läuft auf die Entscheidung hinaus, daß man entweder gewohnheitsmäßig auf das banale Geschwätz der alltäglichen Normalität horcht (wozu das meiste Druckwerk gehört), oder daß man auf gewisse, manchmal im Verborgnen gesprochene Worte oder auf gewisse, noch seltenere, im Licht oder im Dunkel der Lust gesprochene kleine Worte hört – Worte, die den normalen Diskurs gründlich durchbrechen.

Angesichts der Spannung zwischen dem Zwang, menschliche und nicht-menschliche Dinge in Begriffen zu fixieren, und dem Bedürfnis, die Dinge in Bildern freizusetzen, wird das Bedürfnis durch den Zwang dermaßen terrorisiert, daß uns nur eine sterile Sicherheit bleibt – die doch in Wirklichkeit äußerster Terror ist.

Unsre Verrücktheit ist allezeit bei uns, wiewohl die Verrücktheit der völlig Normalen Selbstmord begangen hat und nur noch als statistische Zahl überlebt. Manchmal, und für kurze Zeit, wird unsre Verrücktheit für uns sichtbar, vielleicht im Geheimen und in der Einsamkeit, und wenn wir uns verwandeln. Manchmal wird sie gesellschaftlich sichtbar, und dann läuft sie Gefahr, ermordet zu werden. Jeder von uns hat *seine* Art, seine eigne Verrücktheit zu leben – es gibt keine vorgeprägten Wege. Jeder von uns übernehme selbst die Verantwortung dafür, seinen eigenen Weg zu finden – und wir sind allerdings verantwortlich, darauf zu achten, daß niemand uns die Verantwortung abnimmt.

Als ich, vor fünf Jahren in Argentinien, an einem Ort an der Atlantikküste südlich von Buenos Aires, kurze Zeit verrückt war – immerhin einige Wochen, lang genug um anzufangen, ein wenig zu wissen –, war es mir möglich, in völliger Einsamkeit ein »philosophisches« Problem in aller körperlichen Konkretheit zu erfahren. Ich hatte alle Drogen, wie etwa die normalen Eßgewohnheiten, die normalen Formen des Zusammenseins mit anderen Menschen, Tabak und Alkohol abgesetzt und lebte materiell von Wasser, von im Meer schwimmender Nahrung und von Wurzeln und Rhizomen aus der Erde. Als ich, wie immer, nackt in die Brandung lief, ertrank ich beinah im Sog der bekannten Unterströmung, die an jenem Küstenabschnitt herrscht, inmitten eines Gewittersturms, der die Sanddünen zu Buckeln anderer, freundlicher und schrecklicher Wesen machte – dinosaurischer Ungeheuer, die die anorganische Materie schließlich in Bewegung setzten. Daß ich meine normalen Gewohnheiten unterbrochen hatte, war aber völlig zweitrangig gegenüber der Tatsache, daß es der richtige Augenblick in meinem Leben war, um dieses zu destrukturieren und danach mühsam eine veränderte Existenz zu restrukturieren.
Ich fing an, die Welt in einer ganzen Reihe von Verwandlungen zu erleben. Zuerst verloren die Wörter für mich jegliche abstrakte Struktur und wurden zu physikalischen – flachen, breiten, eckigen oder konischen – Objekten, die ein mathematisches Jenseits bildeten, in dem alles, was gesagt »werden sollte«, sich zusammensetzte, möglich wurde. Die Sprache streckte sich, und neue Wörter (»Neologismen«) wurden durch gute oder böse fremde Mächte in meinen Kopf eingepflanzt. In diesem autonomen Kosmos stellte sich bei mir dann der Allmachtswahn ein, daß ich ein außerirdisches Wesen sei und daß es unter uns andere außerirdische Wesen gebe, die in ihrem irdischen Dasein wohl einem guten oder bösen Zweck dienten, aber doch aus einer anderen, weit entfernten Region des Kosmos geschickt waren, der nicht »unser« astronomischer Kosmos war.
Und ich erlebte ein Heulen, ein Herumgewirbeltwerden und entdeckte mit kaum verhohlener Freude eine wirklich einsame Weise, den einen besonderen Tod zu erfahren, der im Leben vollauf genügte – bevor die Anderen mir auch ihn

wegnahmen – wie wenn ein Wort *getan* wird, das eigentlich nur gesagt sein sollte – weil ich versucht hatte, in einem »Raum«, wo Hündchen nicht hineindürfen, Zirkus zu machen.
Ich machte viele Metamorphosen der Scham durch, die sich schließlich als unangebracht erwies. Welch eine Arbeit, dieses sich Entschuldbarmachen, dieses Loswerden alter, unangebrachter Schuldgefühle, diese Erkenntnis der äußersten Absurdität all der Aggression, die es in einem persönlichen, antipolitischen, Bereich gibt.
Nachdem ich von alledem runter war, entdeckte ich, daß all die kosmischen außerirdischen Wesen verwandelt waren und hier auf Erden in animalischer Banalität existierten, aber ich fühlte meinen Körper durch die Erkenntnis gezeichnet, daß es kein menschliches Subjekt gibt (was etwas ganz andres ist, als wenn man dies theoretisch herausarbeiten wollte); die »menschliche Natur« ist fiktiv, weil wir uns nie wiederholen können, auch wenn wir's noch so sehr versuchen – jede Rückkehr führt an einen neuen Ort. In unserer Materialität und Animalität sind wir einzigartig genug; menschlich genug, laufen wir in unserer gesellschaftlichen Realität Gefahr, mit unsrem Tauschwert identisch zu werden.[10] Eine größere Tragödie ist nicht vorstellbar. Das einzige, was angesichts der Absurdität zu tun bleibt, ist, sie zu erkennen, denn indem wir sie begreifen, sind wir wahrhaft in Bewegung. Eine weitere Verwandlung (Therapie als Technik der Veränderung von Bewußtsein und Handeln) ist nicht nötig – oder möglich.
Und dann die Frage: wie können wir unser Leben so leben, daß wir, selbst wenn es uns möglich wäre, im Rückblick einige unsrer schmerzlichsten, schrecklichsten Erfahrungen zu eliminieren, uns doch entscheiden würden, dies nicht zu tun? Falls wir diese Haltung erreichen, wird jeder zukünftige Schmerz – ohne seinen Charakter als Schmerz zu verlieren – in seinem Wert völlig verwandelt sein.

Ich kannte einmal einen jungen Mann mit Namen John, der vorher in einer psychiatrischen Klinik in Nordamerika gewesen war, weil er sich in stummem Trotz seinen Eltern

widersetzt hatte. Er hatte sich in seinem Zimmer eingeschlossen und die Tür mit einem Stuhl verbarrikadiert, auf den er eine große Familienbibel und einen Haufen religiöser Broschüren stapelte, dazu Berge von populären Zeitschriften voll wüster Skandalgeschichten und sensationeller Verbrechen. Nach einer kurzen Zeit des »guten Ansprechens« auf Elektroschock und Chlorpromazin wurde er zum zweitenmal in die Klinik eingeliefert, weil er als Tatsache behauptete, er sei Johannes der Täufer (John the Baptist: er hieß ja tatsächlich John, und seine Familie gehörte wirklich den Baptisten an), und daß es seine Pflicht sei, die Welt zu taufen und ein neues Menschengeschlecht zu begründen.
In seiner »Denkstörung« – ein psychiatrischer Terminus technicus für einen Redefluß mit unsinnigen Assoziationen (unsinnig für den normalen Psychiater und seine »ungläubigen« Kollegen) sagte John: »Die Welt ist voller Scheiße, voll Menschenscheiße scheißender Menschen, ich werde an die einzige Stelle pissen, wo keine Scheiße ist. Es ist, wie wenn man lange in der Wüste ist. Das Evangelium wurde mit Scheiße auf Scheißhauspapier geschrieben. Die Welt hockt da und ihr Arsch ist verstopft. Ihr labert hier von Demokratie, sie ist nicht da; sie ist mit mir in meinem Zimmer eingesperrt – dem Zimmer, in dem ich bin. Ich bin nicht da, ihr denkt, ihr seid es. Ihr seid zu Hause, und ich bin auch zu Hause. Wir sind im gleichen Haus – dies hier ist mein Zimmer. Mami und Papi klopfen an die Tür. Ihr wißt, was das Klopfen bedeutet. Dann klopfen sie alle die ganze Zeit an die Tür, denn alle die, die die ganze Zeit klopfen, die klopfen und klopfen und klopfen an die Türen, und an alle Türen aller Zeiten, denn immer wenn sie jedesmal klopfen, klopfen sie und sparen Zeit, und Zeit sparen ist Scheißen wie Klopfen. Ich weiß ein Mittel gegen Verstopfung, das ist meine große Entdeckung: nämlich nicht klopfen, nicht mehr klopfen, niemals und für immer, das heißt jetzt, die Zeit, die immer jetzt ist. – Das nächstemal, wenn welche an die Tür klopfen, werd ich sie die Treppe runterwerfen.«
Als die Tür abgesperrt wurde, brach John aus seiner Station aus. Da er groß und stark war, sprengte er einfach die Tür auf und floh, um in sein etwa 8 Meilen entferntes Stadtviertel zurückzukehren. Er ging nicht ins Haus seiner El-

tern, sondern platzte in eine Versammlung von jüdischen Gemeindevorstehern hinein, die er als *die* Sanhedrin (Hoher Rat der Juden in grch.-röm. Zeit) bezeichnete, und redete dort lang und breit davon, daß er, er allein, neue Menschen auf die Erde bringen werde und daß sie ihn nicht länger aufhalten dürften. Natürlich wollte sich niemand diesen Unsinn anhören, wo es so ernste und respektable Dinge zu diskutieren gab, und so wurde unvermeidlich die Polizei gerufen und er unverzüglich in sein psychiatrisches Heim eingeliefert.

Knapp ein Jahr später erfuhr ich, daß John – nach Aufhebung der »liberalen« Klinikordnung – auf einer geschlossenen (und scharf bewachten) Station gestorben war. Er war nicht gerade beliebt, denn man identifizierte ihn mit den Gefahren einer zu großen Permissivität (z. B. auf seiten der Pfleger, die nicht die Polizei benachrichtigten, als er, obwohl nicht rechtskräftig eingewiesen, »gewaltsam« ausgebrochen war). Zufällig erfuhr ich dann, daß sein Körper, als man ihn auf der »Isolierstation« fand, voll von Blutergüssen und Prellungen war und daß der Pathologe der Klinik »Tod durch Herzversagen infolge einer Koronarthrombose« diagnostiziert hatte: bei einem gesunden jungen Mann von 27 Jahren eine medizinische Seltenheit!

Es wäre lächerlich, all dies als symbolische Re-Inszenierung der Geschichte von Johannes dem Täufer zu bezeichnen, der nach jahrelangem Aufenthalt in der Wüste anfing, Menschen ins Wasser zu tauchen, um eine innere Bekehrung (Metanoia) zu bewirken: wenn man das Äußere des Menschen abwäscht, soll das Innere sich verändern, weil der Unterschied zwischen Innen und Außen illusorisch sei (in der christlichen Mythologie wird dies als Vorbereitung der Menschen auf das Kommen des Messias interpretiert), oder daß etwa seine psychiatrische Ermordung auf Verlangen der Salome erfolgte, die sich bekanntlich als Belohnung für ihren Tanz vor ihrem Onkel Herodes Antipas den Kopf des Johannes auf einer silbernen Platte überreichen ließ. Mit dergleichen Erklärungen seiner Realität hätte John nichts anzufangen gewußt, erst recht nicht mit irgendwelchen psychoanalytischen Reduktionen (im Sinn einer Verbindung zwischen Analität und Aggression usw. in seiner gesprochenen

Sprache und seinen nicht-verbalen Akten). Es ging ihm – in totaler Verzweiflung und totaler Freude – nur um die politische Frage, die Leute vom Scheißdreck zu befreien, die Menschen real zu machen, zu verwirklichen: mit Worten und Taten und mit Worten, die Taten waren und Taten, die Worte waren. Wie viele politische Dissidenten im Westen befinden sich nicht in der gleichen Situation, von der Gesellschaft ermordet oder erselbstmordet zu werden – wegen ihres ursprünglichen Ziels, *Sprache zu verwirklichen:* die notwendige, belebende politische Unvernunft, die ihre eigne Rationalität besitzt, in den kohärenten instrumentellen und manipulativen Diskurs der Normalen einzubringen.

Welch ein Skandal ist es, solch eine inzestuöse Vereinigung von Sprache und Aktion! Welch ein gerechtes Schicksal aber auch für einen politischen Poeten, der sich nicht domestizieren lassen will. Denn schließlich: wie gefährlich ist es, Sprache real zu machen!

Die Sprache der Verrücktheit ist nicht mehr und nicht weniger als die *Verwirklichung* der Sprache. Unsere Wörter beginnen den anderen zu berühren, und darin liegt die Gefährlichkeit der Verrücktheit: wenn sie ihre Wahrheit ausspricht. Eine Gefahr, die einzige Gefahr der Verrücktheit, ist die gewaltsame Entnormalisierung der banalen Wörter einer in den Netzen der Sicherheit gefangenen Welt.

Price gibt in seinem *Textbook of the Practice of Medicine*, 9. Auflage, folgendes Beispiel für Denkstörungen:

»Sollte ich während meiner Abwesenheit zurückkehren, behaltet mich hier, bis ich wiederkomme.« »Ich habe eine Menge Zwangsgedanken. Alle meine Gedanken sind ausgedrehte Wörter, sie sollten Nadelstiche sein. Es gibt auch eine unnatürliche Hemmung in meinen Gedanken ... Ich habe Stimmen sagen hören: *Er ist sich seines Lebens bewußt.* Meine Gefühle wieder normal zu machen, kommt mir vor wie Autos in Schlachtschiffe verwandeln, wie ihnen überlegen zu sein.«

Na schön! Wir können uns gut vorstellen, daß der Psychiater dies ernsthaft als »Beweis« für Verrücktheit aufschreibt. Aber gibt es denn eine präzisere Aussage, die so wunderbar die tatsächliche Nichtbegegnung ausdrückt, wie der erste

Satz des Verrückten? Natürlich hörte er »Stimmen sagen«, daß er »sich seines Lebens bewußt« sei (und deshalb wurde er in Wirklichkeit eingesperrt – als er sich seines Lebens bewußt wurde, merkte er, daß die anderen diese subversive Tatsache bemerkten). Ganz gleich, welche neurologischen Korrelate sich für den Zustand des »Stimmenhörens« finden oder nicht finden lassen – die Sprache des »Hörens« bedeutet, daß jemand sich einer Sache bewußt wird, die über das Bewußtsein des normalen Diskurses hinausgeht und die daher als »anders« erfahren werden muß. Und wie könnte es eine bessere Metapher für die Normalisierung geben als seinen letzten Satz: der Übergang von einer Situation des grotesken, gepeinigten Nichtverstehens (zu Hause) in die andere (die Klinik). Welche andere Sprache wäre da relevant? Was könnte man sonst sagen?

Wie beim »Problembereich« des »Nichtsprechens« (Autismus und autistischer Rückzug) geht es hier um die Frage: »Was gibt es überhaupt zu sagen?« – (in einem Kontext dauernden Nichtverstehens und dauernder Einmischung). Fernand Deligny, der in den Cevennen in Frankreich mit autistischen Kindern (aber ohne jede psychiatrische Absicht) arbeitet – er ist nicht Arzt, sondern war ursprünglich Lehrer –, hat die Frage aufgeworfen, warum wir, statt zu versuchen, die Kinder sprechen zu lehren, nicht lieber von ihnen schweigen lernen?

Nachdem wir nun untersucht haben, welche Bedrohung die Sprache der Verrücktheit für die normalen Sicherheitsstrukturen darstellt, finden wir eine andere Sicherheit, die aus dem destrukturierenden/restrukturierenden Prozeß der Verrücktheit hervorgeht. Dies hat nichts mit der primären Sicherheit der Mutter-Kind-Beziehung zu tun, von der gewisse Psychoanalytiker gern reden, oder mit der »ontologischen Sicherheit« irgend eines primären Daseinszustands, die beim »Schizoiden« geschwächt wird oder verloren geht.

Die Psychoanalyse ist im allgemeinen der Auffassung, daß das Sicherheitsgefühl sich in den/durch die frühesten Beziehungen in der Familie, besonders mit der Mutter, entwik-

kelt. Demnach wäre der Säugling ursprünglich zerstückelt, und gute frühe Erfahrungen würden die Stücke vereinigen. Aber ganz im Gegenteil – vom befruchteten Ei an gibt es eine »mehr oder minder« ursprüngliche organismische *Einheit*, die nicht nur durch die frühen Eltern-Kind-Erfahrungen und die intrauterinären Erfahrungen aufgelöst wird, sondern auch durch all jene vor der Befruchtung liegenden Dinge (das Kennenlernen der Eltern, ihre Herkunft, Vorfahren, Geschichte, Vorgeschichte, evolutionäre Ursprünge und darüber hinaus), die dem Embryo durch die männlichen und weiblichen Gameten und den Körper der Mutter vermittelt werden. Diese Dinge können wir durch entsprechende Wissenssysteme wie Genetik, Biochemie, Embryologie usw. erfassen, aber wir können sie auch durch alle Formen der Kunst, durch Poesie und durch die Sprache/Akte der Verrücktheit begreifen und *ausdrücken*. Die »entsprechenden« Systeme wissenschaftlichen Wissens (sie mögen vielleicht einander entsprechen) werden hier aufgefaßt als objektivierende/objektivierte Systeme, die dem Organismus – Bewußtsein entsprechen – einer ursprünglichen Einheit, die zwar in einen objektivierten Organismus und ein objektivierendes Bewußtsein aufgespalten werden kann, die aber in allen Formen *poetischer* Aktivität (der poetische Diskurs, andere Formen der Kunst und der Verrücktheit) eine Einheit bleibt. Die Zerstückelung der ursprünglichen Einheit ist *ein* Ausdruck der Entfremdung.
Diese zerstückelten Teile werden nicht wieder aktiv zusammengefügt, sondern einfach zu einem Konglomerat – der Pseudototalität der Normalität mit ihrer durch die Familie geprägten Sicherheit – zusammengeflickt. Zuviel von solcher Flickwerk-Sicherheit sollte uns, wie ich sagte, veranlassen, uns wirklich unsicher zu fühlen.
Ein Übermaß an Sicherheit sollte uns dazu bringen, uns unsicher zu fühlen.
Wenn wir ein Übermaß furchtbarer Zweifel an allen Aspekten unserer Realität empfinden, dann sollte dies uns dahin bringen, real zu *sein*.
Aber es gibt noch eine andere, nicht-banale Form der Sicherheit. Diese wird jedoch sehr mühsam errungen, und sie beruht darauf, daß man sich verspricht, »wiederzukehren«. Es

kommt nicht darauf an, daß man sich bewußt etwas verspricht oder weiß, worum es bei diesem Versprechen geht, sondern es handelt sich um das Wissen, daß man sein Leben nicht *in* die Krise treibt (oder treiben läßt), sondern daß man sein Leben *durch* radikale Veränderung *zu* einer weniger entfremdeten Seinsweise führt. Die politische Bedeutung der Verrücktheit wird klarer, wenn wir soziale Entfremdung als Evidenz, als Problem der Klassenspaltung der Gesellschaft in Ausbeuter und Ausgebeutete begreifen, wobei immer mehr Menschen in Mystifikationssystemen zwischen diesen beiden Polen gefangen sind – und wenn wir ohne Verschwendung von »Sympathie« erkennen, daß die Ausbeuter durch ihr eignes System ausgebeutet werden, während die Ausgebeuteten immer nur einfach ausgebeutet sind.

Verrücktheit ist eine permanente Revolution im Leben eines Menschen. Manchmal zeigt sich dieser revolutionäre Prozeß als große Veränderung in unserer Lebensweise – eine Veränderung hin zu mehr Autonomie, die vielleicht nicht ohne Beteiligung anderer Menschen erreicht werden kann; manchmal aber wird sie gesellschaftlich sichtbar als Krise, an der andere Menschen beteiligt sind. Falls diese Beteiligung im Rahmen des geschlossenen Kreislaufs von Familie und Psychiatrie geschieht, oder durch Freunde, die sich familialistisch verhalten und ihre wie unsre eigenen Erfahrungen mit Mutter, Vater, Kindern und Amateurpsychiatern (die oft schlimmer als die wirklichen) reproduzieren, können wir in einer lebenslangen Krise hängenbleiben, die ganz gewiß für niemanden revolutionär ist.

Wenn ich schon das Wort »Krise« einführe, sollte ich vielleicht etwas über solche Krisen sagen, die nichts mit Verrücktheit oder dem verrückten Diskurs zu tun haben – bevor ich Verrücktheit im hier gemeinten Sinn definiere. Fast jeden Tag begegnen wir Krisen bei Freunden und Freunden von Freunden – oder wenigstens mir geht es so, obwohl ich aufgehört habe, Psychiatrie oder Therapie irgendwelcher Art zu betreiben. Das Bemerkenswerte an diesen Krisen ist, daß sie fast immer deutlicher zutage treten bei den Leuten – Familie und familiäre gute Freunde –, die den »in der Krise« Befindlichen umgeben, der meist einfach allein gelassen werden will: aber in der richtigen Art alleingelassen. Eine richtige Art z. B. wäre nicht Zurückweisung, sondern lediglich die Grenzen der Situation und die eignen Bedürfnisse zu definieren. Die meisten Opfer von Krisen angeblicher Verrücktheit, Selbstmord usw., sind Opfer derjenigen, die ihnen zwanghaft helfen zu müssen meinen, während es in Wahrheit darum geht, daß diese Freunde sich selbst helfen, wenn sie in Sicherheit und (für sich selbst) siegreich am Prozeß einer Psychiatrisierung oder eines Selbstmordversuchs teilnehmen. Viele dieser Opfer würden lieber ein paar Wochen, zusammen mit anderen Opfern und praktischguten Pflegern, in einer einfachen Hütte auf dem Land verbringen – wären da nicht die Stigmatisierung, die Riten der Institutionalisierung, das Eingreifen von Ärzten, die durch das medizinische Spiel von Diagnose, Schocktherapie und chemischer »Euthanasie« ihre Existenz rechtfertigen müssen.

Die meisten dieser Alltagskrisen sind Familienkrisen; selbst wenn der/die Betreffende getrennt von der Familie lebt, kann die Familie »aus der Ferne« einwirken, und stets gibt es auch allzu familiäre Freunde. Den meisten dieser Krisen wird das Etikett »Neurose« angeheftet – was einfach besagt, daß der/die Betreffende sich in einer gewissen, psychiatrisch klassifizierbaren Art und Weise verhält, dabei aber die gesellschaftliche Definition von Normalität akzeptiert (d. h. »Einsicht« hat) und den Diskurs der Normalität einhält (d. h. so redet, daß er/sie andere langweilige Leute in einer unglücklichen, familien-ähnlichen Situation langweilt). Der wesentliche Widerspruch der »neurotischen« Situation besteht darin, daß man/frau gegen die soziale Scheiße, in der er/sie steckt, mit den anscheinend einzig verfügbaren Mitteln – d. h. »Symptomen« – protestiert, *aber* gleichzeitig in betrügerischem Einverständnis eine familiale »ödipale« Seinsweise in der Arzt-Patient-Beziehung verstärkt: und sich dadurch gehorsam selbst sabotiert.

Andere Krisen werden als »psychopathisch« oder als »Persönlichkeitsstörungen« etikettiert. Hier liegt der Akzent eher auf offenem Protest, aber der Protest wird leicht durch eine familialistische Ideologie vereinnahmt (Ausagieren gegen Autoritäts»figuren«), weil er politisch analphabetisch ist und (wie jede andere mikrosoziale Krise) politischer Erziehung bedarf – *nicht* prinzipiell des Opfers, sondern der ganzen mikrosozialen Situation, die dieses *umgibt.* Wieder andere Krisen heißen »manisch-depressive Psychose«, und da gibt es einen Bruch in der Einheit der Verrücktheit, den ich später schildern werde; wichtig ist dabei aber, daß der/die Betreffende seine/ihre Depression so weit wie möglich erforscht, und zwar ohne die Begleitung von Menschen, die sich vor Selbstmord fürchten (jedenfalls bringen die Leute sich eben meist dann um, wenn ihre gesteigerte Stimmung einsetzt oder aufhört). Die »Manie« ist Ausdruck eines Protest gegen das kapitalistische Ethos – Geld ausgeben, statt es zu verdienen; herrlich gute Unternehmungen anfangen, statt der normalen, die, wie der einfache legale Raub, Kapital akkumulieren. Jemand, der sich in einer solchen Krise störrischer Auflehnung befindet, hat allerdings das Recht, einen ganz gewöhnlichen Arzt aufzusuchen, und zwar als *kooperierenden* Helfer, nicht um sich zum Objekt medizinischer Machtausübung herzugeben. Denn es kann gut tun, die biochemischen Begleitprozesse seines Zustands (falls wir genug darüber wissen) nach seinem Bedürfnis zu modifizieren. Aber er braucht keinen Psychiater, um seinen Besitz und sein Leben zu verteidigen; der »Preis« an Autonomie, den er bezahlen müßte (denn darauf läuft die kapitalistische Metapher hinaus), wäre zu hoch für ihn.

Und dann gibt es natürlich noch die typische »schizophrene« Krise. In jeder Familie passieren so »schizogene« Sachen, *doublebind*-Beziehungen und andere Mystifikationen, die bei einem der Familienmitglieder einen Zustand der »Verrücktheit« produzieren; und der/die Betreffende wird dann als schizophren abgestempelt. In Wirklichkeit ist es nicht so, daß diese mystifizierte Situation »Verrücktheit« produziert – sie selbst hätte eine Demystifikation bitter nötig. Was diese Situation vielmehr produziert, *das sind die Voraussetzungen, um Menschen als Schizophrene zu entmündigen:* in der Regel wegen relativ banaler Zeichen der Abweichung. Möglicherweise treten einige der so entmündigten Menschen in den Zustand der Verrücktheit, wie John the Baptist bei seiner zweiten Einlieferung in die Klinik; die meisten aber tun dies nicht und werden lediglich entmündigt, zu Irren erklärt und vorzugsweise durch langwirkende Drogen im Familienasyl außerhalb der Klinik (in Europa die »Gemeinde«- und »Sektor-Psychiatrie«*) ruhiggestellt.

Tatsächlich gibt es in den Anstalten bemerkenswert wenig Verrückte. Die mystifizierende Strategie des Systems besteht darin, Leute mit organischen Hirnschäden (bei denen mitunter die Gefahr physischer Gewalttätigkeit besteht), Senile, Hirnverletzte, Unfallopfer, geistig Behinderte usw. massenhaft in psychiatrischen Kliniken zu hospitalisieren und damit ein falsches Bild der Verrücktheit zu schaffen. Aber selbst bei derlei medizinischen Problemen gebührt der politischen Aktion ihrer *sozialen* Wiederherstellung der Vorrang.

Nicht die Verrückten sind es, die morden, sondern die Normalen[11], vor allem in Fällen hypertrophierter Normalität und bei gewissen neurotischen Karikaturen der Normalität. Mord ist ein Akt des Sich-Abfindens mit einem mörderischen System, und seine Basis liegt im Familiengehorsam. Die einzig richtige Frage lautet: wie bringen wir es zu diszipliniertem Ungehorsam? Kontrolle ist stets zwanghaft, sie setzt »moralistische« Grenzen, und indem sie das Leben begrenzt, zerstört sie es auf mehr oder minder subtile Weise. Kontrolle sagt »nein«. Disziplin dagegen befreit uns, insofern sie uns durch die totale und total notwendige Chaotisierung unserer entfremdeten Existenz leitet. Disziplin ist die richtige Art, »nein« zum »Nein« der Kontrolle zu sagen. Sie ist auch das Versprechen, das Zerstörte wieder aufzubauen.

Verrücktheit ist die Destrukturierung der entfremdeten Strukturen des Lebens und die Restrukturierung einer weniger entfremdeten Seinsweise. Die weniger entfremdete Seinsweise ist zugleich eine verantwortlichere Seinsweise. Verantwortung bedeutet, mit der eigenen Stimme zu antworten – nicht mit all den Stimmen und ihren Botschaften, die uns in aller Geschichte ins Hirn gepflanzt wurden (das

* ›Sektorpsychiatrie‹ ist die psychiatrische Versorgung für die Bevölkerung eines genau bestimmten geographischen Gebietes. In dem Gebietsabschnitt bzw. ›Sektor‹ bilden die stationären und ambulanten psychiatrischen Einrichtungen einen einzigen organisatorischen Komplex. Siehe auch: Anm. 4 zu Anhang II (d. Ü.).

»schizophrene Symptom« seltsamer Gedanken, die einem ins Hirn gepflanzt werden, das ist die wahre Realisierung dieser Entfremdung). Entfremdung ist das Eindringen deformierter menschlicher Anderheit in das, was wir »unser« »Selbst« nennen, wobei die Anderheit aus der Gesamtheit menschlicher Verhältnisse besteht – von den mikrosozialen »persönlichen« Erfahrungen in den Beziehungen bis hin zu den institutionellen und makrosozialen Strukturen. Die Deformation ergibt sich, weil die soziale Existenz des Menschen dauernd verprellt und erschüttert wird durch das Ausbeuter/Ausgebeuteter-Verhältnis, zusammen mit dem ganzen Feld der Mystifikationen, das zwischen den beiden Polen liegt. Die Destrukturierung, von der ich spreche, verlangt die Löschung dieser Spuren von Anderheit, die, wenn sie nur weit genug geht, einen Nullpunkt überschreitet – einen Punkt der entleerten Existenz, der Annullierung des Geistes, der den Anfang der nächsten Phase bezeichnet: der Restrukturierung.

Die Destrukturierung/Restrukturierung gehorcht einem dialektischen Verhältnis, einer Rationalität der (Grenz) Überschreitung.[12] Dies ist die Logik jeglicher Form von schöpferischer Aktivität; es ist auch die Logik der Verrücktheit und die der Sprache der Verrücktheit. Daneben gibt es eine andere, der Logik von Destrukturierung/Restrukturierung entgegengesetzte Logik, die wir in unserem Zeitalter die kapitalistische Logik nennen können – eine Logik der Destruktion: ein Zustand existiert, oder er wird einfach negiert. In der Destrukturierung wie in der Destruktion ist Negation (im ersteren Fall: der entfremdeten Erfahrung), aber wesentlich für die Destrukturierung ist eine Negation dieser Negation, die Einlösung des »Versprechens«, das zur Restrukturierung führt.

Im destrukturierenden Element der Verrücktheit gibt es eine paradoxe Einheit von ekstatischer Freude und totaler Verzweiflung, und diese ist die Basis jener Einheit der Erfahrung, die durch Worte und Taten des verrückten Diskurses hergestellt wird. Die Sprache wird entnormalisiert, damit sie drängende Wahrheiten auszudrücken vermag, die normalerweise unsagbar und für normale Menschen unaussprechlich sind. Ohne störendes Eingreifen von außen wird

ein verwandelter Diskurs und eine verwandelte Existenz hergestellt. Das Problem ist, auf welche Weise diese transformierte Existenz in eine nicht transformierte Welt eingeführt werden soll, denn die Restrukturierung zielt nie auf Normalität, sondern auf geistige Gesundheit. Geistige Gesundheit, das ist die Erhaltung von allerdings transformierten Elementen der früheren Normalität, welche die Erarbeitung von Selbstverteidigungsstrategien ermöglichen, die uns den Irrsinn (beachte den Unterschied zwischen Irrsinn und Verrücktheit) der normalen Welt vom Leib halten. Doch die Schwierigkeiten des Überlebens sind ungeheuer.
Was aber mit der gesellschaftlich sichtbaren Verrücktheit immer geschieht, das *ist* die psychiatrische Intervention; und die weitere Entwicklung der Gemeinde (und Sektor-)Psychiatrie sowie die verschärfte Überwachung der Bevölkerung machen dies erst recht wahrscheinlich. Was die psychiatrische Intervention bewirkt, ist eine Spaltung in der paradoxen Einheit der Verrücktheit; zuerst wird die Freude durch Behandlung zerstört, dann wird auch noch die Verzweiflung eliminiert: zurück bleibt das optimal »gute Resultat« der Psychiatrie – die Unperson. Die Unperson funktioniert dann vielleicht im Sinn des Systems, indem sie, wenn auch möglicherweise bei reduzierter Arbeitsfähigkeit, Profit erbringt oder indem sie als Teil der Subpopulation der »psychisch Kranken« in der Klinik oder im »Familienasyl« existiert, das zwar ohne Anstaltsmauern auskommt, jedenfalls aber im Dienst des Systems und im Interesse einer unbeschränkten Kontrolle der Bevölkerung die »negative Verstärkung« der Definition von Normalität besorgt.
Voraussetzung der Transformation ist, daß die paradoxe Einheit von ekstatischer Freude und totaler Verzweiflung in einem synthetischen Moment der Existenz erreicht wird. Sie steht im Widerspruch zu den Normen der »sozialen Realität«, und dieser Widerspruch ist Ausdruck der allgemeinen Widersprüche der bürgerlichen Gesellschaft. Paradoxa sind wesentlicher Bestandteil jeglicher Kreativität; sie sind nicht angebliche »Konflikte«, die »gelöst« werden müssen, sondern reale Situationen der Existenz, die *durchlebt* werden müssen. Der verrückte/poetische[13] Diskurs ist das »Durchleben« des Paradox durchs Paradox – in der Sprache.

Die einzige andere Möglichkeit ist die Unterwerfung – wobei ein gewisser Spielraum für lebensfähige Vorspiegelungen bleibt.

Gewiß ist die psychiatrisierte Verrücktheit *durch Leiden gekennzeichnet*, aber *dieses Leiden ist gänzlich von außen zugefügt:* durch die Intervention von Techniken, Familientechniken, sonstigen mikrosozialen Techniken der Vermeidung und Ausschaltung, und vor allem der höchstentwickelten, medizinisch höchstgeachteten Vermeidungs- und Ausschaltungsstrategie überhaupt: der Psychiatrie und ihrer Hilfszünfte – Psychologen, Sozialarbeiter, Pfleger usw. (wiewohl eine Kluft zwischen ärztlicher und nicht-ärztlicher Macht besteht, die es zu nutzen gilt). Es besteht aber ein weltenweiter Unterschied zwischen diesem sozial zugefügten Leiden und einer Verzweiflung, die zu durchleben man sich, gar fröhlich, entscheidet. Wir kennen Menschen, und sie werden zunehmend erkennbarer, die insgeheim, für die Gesellschaft völlig unsichtbar, diese Verrücktheit der paradoxen Extreme von Freude und Verzweiflung durchlebt haben. Dies sind keine »Gurus« – die Gurus haben selbst einen weiten Weg (hinaus) vor sich –, sondern Menschen, die zugleich die verborgene Person in jedem von uns sind: der Verrückte in uns. Unsere Verrücktheit drängt sich nur in jenen seltenen Momenten in unsere Rede, da unsere Rede Ausdruck des Seins unserer Veränderung ist, in der wir unser Leben wirklich ausleben. Es ist die Art, wie wir unser Sein in dieser Welt machen, völlig auf Gutglück, durch sich selbst gerechtfertigt.

Was nun historisch in unserer Gesellschaft geschehen muß, ist die Herausnahme der Verrücktheit aus jeglichem klinischen Kontext, der außer Repression und sozialer Kontrolle keinerlei Funktion hat, und ihre Einfügung in eine Welt der universellen Kreativität. Dies aber verlangt politisches Handeln. Psychische Krankheit und Psychiatrie haben in einer echt sozialistischen Gesellschaft keinen Platz. Es gibt nicht nur eine exakte Analogie, sondern auch eine exakte Logik, die den Kampf jedes einzelnen gegen Entfremdung und für die volle Verwirklichung von Freiheit und Autonomie mit dem Kampf aller unterdrückten Gruppen, Nationen und Klassen verbindet.

Wollen wir also der zwangsläufig widerborstigen Logik dieses Buches weiter folgen und nochmal untersuchen, was es denn ist, das wir wirklich brauchen, und welcher Art die kollektive Erfahrung ist, bevor wir überlegen, was bereits geschehen ist und was noch zu tun bleibt.

Aber schon jetzt – einen der letzten Sätze dieses Buches vorwegnehmend – können wir in der Sprache der Verrücktheit selbst sagen, daß das Wort Verrücktheit keine Zukunft hat. Auch die Verrücktheit nicht.

2

Wer sich vom Glück verführen läßt, heiratet am Schluß die Katastrophe.

D. C.

Was sind radikale Bedürfnisse?

Heutzutage ist es akademische Mode, sich als Experte für menschliche Bedürfnisse zu betätigen. Die Menschen »haben« Bedürfnisse, und diese Bedürfnisse, die die Menschen angeblich haben, erfordern »Maßnahmen«, die von einer Vielzahl von Experten »getroffen« werden: von Ökonomen, Soziologen, Psychologen, Psychiatern, Erziehern, Architekten, Stadtplanern usw. So erleben wir, wie in der bürgerlichen Gesellschaft eine *Technologie der Bedürfnisse* sich entwickelt – die Techniker erfinden die Bedürfnisse, die die Menschen »haben«, um als Befriediger dieser »Bedürfnisse« aufzutreten. Wie Sartre sagt, wird der Wissenschaftstechniker zum Intellektuellen, wenn er/sie zu reflektieren beginnt und sich der gesellschaftlichen Konsequenzen seiner/ihrer Aktivität bewußt wird (z. B. der Punkt, wo Techniker, die an der Herstellung von Atomwaffen mitwirken, zu Wissenschaftlern werden – zu verantwortlichen Menschen: Menschen, die für ihre Handlungen einstehen – vor sich selbst einstehen, als unerläßlicher Ausgangspunkt).

Zur Verantwortung: in der kapitalistischen Gesellschaft gibt es einen moralistischen Imperativ »Erfolg zu haben«, ökonomisch unabhängig zu sein, für die eigne Familie zu sorgen usw. Wer dies nicht tut, der verdient Tadel und sollte sich schuldig fühlen. Diese merkwürdige Unterwürfigkeit wird als »Autonomie« angepriesen, doch sie ist das völlige Gegenteil der Autonomie, die sich gegen das ausbeuterische System stellt und sich dem Schuld-produzierenden Prozeß verweigert. Diese letztere Autonomie ist revolutionär, und sie ist subversiv. Sie spricht die Wahrheit und als einzige Richtschnur bleibt uns die Gewißheit, daß »das Schlimmste« schon nicht passieren wird, wenn wir die Wahrheit sagen – wenngleich allerhand Schlimmes passieren kann. Die Wörter entlarven manchmal die Korruption der kapitalistischen Gesellschaft. So verweist »erzählen« auf »zählen«. Einst zählte der Erzähler die Zeit – der Kapitalist zählt nur noch Geld. Nun gut, um es mit einer aus dem Boxring entlehnten Metapher zu sagen: die Wahrheit läßt sich nicht auszählen, sondern nur erzählen.

Wenn wir von radikalen Bedürfnissen sprechen, so müssen wir uns mit zweierlei Fragen auseinandersetzen: da ist einmal die philosophische Frage, die nicht nur nach der Struktur des Begriffs »Bedürfnis«, sondern nach der erlebten Realität des »Bedürfens« fragt; zum anderen die Frage der revolutionären Moral, im Gegensatz zum quasi-revolutionären Moralismus[1], wie er in den meisten linken Bewegungen in den Ländern des »erreichten« (z. B. Osteuropa) und des »angestrebten« (z. B. Westeuropa) Sozialismus vorherrscht. Revolutionäre Moral beruht auf der Erfahrungsprämisse des wiederentdeckten Haßgefühls (jener Form des Bewußtseins von Unterdrückung), das über das Persönliche hinausgeht. Einen wirklichen Anderen zu hassen, bedeutet unter anderem eine Verschwendung von Kraft und Zeit, und dies kann es nur innerhalb eines bourgeoisen Familienschemas geben. Es gibt *niemanden*, der hassenswert wäre, keinen »würdigen Feind«, man kann nur das System hassen, das im Prinzip *niemand* ist. Aber dieses System verkörpert sich für uns in Fleisch und Blut in der Person des Hausbesitzers, der die Miete kassieren kommt, es tritt uns entgegen in der Kleidung, die er trägt, im Auto, das er fährt oder in dem er sich fahren läßt usw. Der Bourgeois ist letzten Endes immer sichtbar.

Die revolutionäre Moral geht zurück auf sich überschneidende Quellen des 19. Jahrhunderts – erstens Karl Marx, und dann Nietzsche. Marx, der alles über das Geld lernte und dann es zu hassen lernte, der den Markt hassen lernte, auf dem Tauschwerte getauscht werden, und sodann das System, in dem diese Erniedrigung zum Ausdruck kommt: das System, das nicht die »Pathologie« (Erich Fromm) sondern die »Verelendung« (Karl Marx) der Normalität darstellt.

Und Nietzsche, der eigentlich diesen letzteren Sachverhalt – die Verelendung – auf eine aphoristische, poetische Art aussprach, die zu seiner Zeit, aber auch in unseren Tagen, wenig Anklang fand. Nietzsche, der in seiner poetischen Art den Weg wies, ohne allerdings das analytische Rüstzeug mitzuliefern, das Marx uns hinterlassen hat, stach sein Skalpell genau in den größten Auswuchs des Geschwürs jener Gesellschaft im Europa des 19. Jahrhunderts. Seine Vision trieb ihn in die Verrücktheit[2] (und diese war gesellschaftlich sichtbar), denn sein »Wille zur Macht« bedeutete, daß wir, jeder von uns, unsere eigenen Werte wählen sollen: gegen das System, das judäo-christliche System. Nietzsche erkannte den ursprünglichen christlichen Selbstmord (die Kreuzigung), jenen ursprünglichen *Ecco homo*, als Auftakt zuerst zur feudalen und dann zur kapitalistischen Knechtschaft (wenngleich er sich nicht dieser politisch-ökonomischen Kategorien bediente). Nietzsches Lösung für all dies war, daß er seinen eigenen *Ecce homo* schrieb: brüchig, aber heute bestätigt in seiner Freiheitsvision, die all jene Kräfte der Konditionierung angriff, die in unserer heutigen Situation zusammenlaufen – eine Gegen-Kraft, die sich ihren bedrohten Weg bahnt zu einem Raum, wo Atmen und Leben möglich ist. Nietzsche meinte aber auch, uns allen bliebe nichts anderes übrig, als daß jeder seinen eigenen *Ecce homo* verkünde. Was Karl Marx machte, war komplizierter, aber zugleich vielleicht auch einfacher. Die oft berufene Kompliziertheit seines Denkens gehorchte ihrer eigenen inneren Notwendigkeit, und es ist kein Zufall, daß die *Grundrisse* erst 1939 in Deutsch veröffentlicht wurden, obwohl sie schon lange in den Moskauer Archiven vorlagen. Und daß die *Ökonomisch-philosophischen Manuskripte* von 1844 erst 1932 in stark entstellter Vision – und dann erst 1935 in sorgfältigerer Edition – vorgelegt wurden: lange nachdem Lenin in Rußland Revolution gemacht hatte.

Man kann nicht »Marxist« sein, wie man auch nicht »Schizophrener« oder »Antipsychiater« sein kann. Gegen Ende seines Lebens hat Marx gesagt, daß er zumindest kein Marxist sei. Allerdings ist es möglich, ins illusorische Dasein eines Identitätsobjekts zu fallen oder es sogar anzustreben, wie es durch verschiedene Rollenfunktionen, genannt »Kapitalist«

oder »Psychiater«, definiert ist – eine tröstliche Illusion, die das menschliche Sein ausklammert und sich daher verhängnisvoll für die Welt auswirkt. Es gibt also keine Marxisten, Antipsychiater und Schizophrenen, leider aber Kapitalisten, Psychologen und Psychiater. Daneben gibt es aber auch eine bestimmte Aktivität, nämlich die marxistische Analyse der Gesellschaft, die unerläßlich ist, wenn wir verstehen wollen, wie wir in das Soziale eingefügt sind. Diese Analyse ist nichts anderes als ein methodologisches Werkzeug; sie beruht auf einem ursprünglichen konkreten Verständnis der menschlichen Entfremdung und widersetzt sich den Bemühungen spitzköpfiger »Marxisten«, aus ihr eine dogmatische Religion zu machen, die lediglich ein weiterer bourgeoiser Fetisch wäre.

Wenn wir die radikalen Bedürfnisse erklären wollen, so ergibt sich zuerst die methodologische Notwendigkeit, zu definieren was es z. B. heißt, von Anti-Definitionen und Anti-Klassifikationen zu sprechen. Bei der Anti-Definition geht es nicht darum, eine im Fluß befindliche Entität (= Sachverhalt) zu definieren, sondern sie ist ein Mittel, um das Definiendum, also das zu Definierende, für eine Realität zu öffnen, die es niemals einsperrt oder fixiert. Anti-Klassifikation bedeutet das Aufsuchen und Feststellen existierender Unterschiede – im Gegensatz zur Einordnung von Entitäten in Schubfächer und Hierarchien von Schubfächern. Die Anti-Klassifikation erkennt, daß gewisse menschliche Phänomene wie in illusionäre Schubfächer eingesperrt erlebt werden, und es kommt darauf an, diese Illusion zu durchschauen, weil die Schubfächer tatsächlich an einem Ende offen sind.[3] Das Ziel einer Anti-Klassifikation ist die sichtbar mobilisierte Aktion – im Gegensatz zur Kontrolle, einer Kontrolle, wie sie in den meisten Klassifikationssystemen existiert. Anti-Klassifikation bedeutet, daß wir Unterschiede erkennen, nicht aber den erfahrenen Phänomenen Unterschiede aufzwingen. Sie bedeutet auch, daß wir die aus der Einsperrung hinausführende Bewegung erkennen – und dies ist das »Anti« der Anti-Klassifikation.
Lösen wir uns aber zuerst mal von gewissen Vorstellungen

hinsichtlich einer Klassifikation, die unterscheidet zwischen »notwendigen«, angeblich primären Bedürfnissen, und andren, sehr wünschenswerten Bedürfnissen, die aber angeblich sekundär seien. Eine solche Unterscheidung ist unmöglich, denn nicht nur in der fortgeschrittenen kapitalistischen Gesellschaft, sondern überall in der Welt sind diese als sekundär bezeichneten Bedürfnisse so lebenswichtig wie die Luft, die wir atmen.
Sprechen wir lieber, erstens, von den Bedürfnissen, zu *haben:* Bedürfnisse, die von der Natur und der Gestalt unserer Gesellschaft abhängig sind, quantitative Bedürfnisse, Bedürfnisse, die Prozeß und Passivität sind, Bedürfnisse, die sich in der Negation des als Mangel Dargestellten ausdrücken (wir haben nicht, was es nicht zu haben gibt); Bedürfnisse, die als einfache Negation ausgedrückt und fälschlich als ein sich selbst objektivierender Prozeß angesehen werden. Unter diesem Titel werden Massen von Objekten zusammengefaßt, die wir als uns mangelnd erfahren – wir als Mangel: das Bedürfnis nach Nahrung, Obdach und Wärme, das Bedürfnis nach Lust, das in Stücke zerteilt und so dargestellt wird, als ginge es um die Erhaltung von körperlicher Energie. Nehmen wir z. B. die physiologischen Entladungen: das Bedürfnis nach zeugender Sexualität – das Machen von noch mehr Kindern (»Kinder haben«) fürs System, mittels der Masturbation irgend eines Penis in einer Vagina; das Bedürfnis zu defäkieren (»gute Verdauung haben«), zu urinieren, zu erbrechen, zu schwitzen, schließlich uns zu entgiften.
Eine Anti-Klassifikation, als heuristische Übung, sollte im Prinzip offen und empfänglich, nicht wasserdicht abgeschlossen sein. Das Spiel, als quantitative Muskelübung, erfährt eine qualitative Veränderung zu kreativer Transformation. »Passive« physiologische Prozesse sind aktiv erfahrbar. Das Essen zum Zweck der Selbsterhaltung und körperlichen Gesundheit verwandelt sich qualitativ nicht nur in der *haute cuisine*, sondern auch wenn wir uns die Wahrheit des alten deutschen Spruchs bewußt machen: *Man ist, was man ißt.* Heute werden wir nicht nur an Körper und Geist zu dem, was wir essen, sondern wir sollten wahrheitsgemäßer sagen: wir werden von dem, was wir essen, aufgefressen. Denk nur

mal an all das Zeug, das wir in uns aufnehmen. Nicht nur die fabrikmäßig erzeugten künstlichen Tierprodukte, sondern auch die Sachen, die durch unsere Haut und unsere Körperöffnungen – z. B. Gombrowicz starkes Bild von der »Vergewaltigung durch die Ohren« – und durch unsere metaphorischen Arschlöcher eindringen: was ein Arschfick! Unsere Verdummung durch »unser« Bildungswesen, Massenmedien, Populär- und Profitpsychologie usw.

→ HABEN (Abhängig Quantitativ Normalität Logik der Affirmation–Negation)	Nahrung Obdach Körperliche Entlehrungen (Defäkation, Urinieren, Schwitzen, Erbrechen – Entgiftung) Spiel (als Muskelübung) Zeugende Sexualität Kommunikation (nackte oder getarnte Befehle)
BEDÜRFNISSE	Eigentum (gesellschaftliches Eigentum, verwandelt in Privateigentum – als künstliches Bedürfnis)
→ HANDELN-UM-ANDERS-ZU-SEIN (Radikale Bedürfnisse Autonomie Qualitativ Logik der Überschreitung – Destrukturierung/ Restrukturierung – Negation der Negation)	Sich ausdrücken – im Schaffen von Werten gegen aufgezwungene Werte: Transformation des kreativen Spiels und Verschmelzung von Spiel und Arbeit in nicht entfremdeter Arbeit Gemeinschaft (nicht-zwingende Kommunikation, offene Positionen usw.) Anerkennung des Rechts des andren, »nein!« zu sagen, Entstehung des Schweigens → Selbstverwaltung – zusammen mit andren ein eignes Leben führen und arbeiten Verrücktheit[6] Orgasmische Sexualität Wieder-Aneignung des Todes (als einzig endgültigem »Privateigentum«) und Ent-Angstung des Todes

Außer diesen Bedürfnissen, zu haben, gibt es, zweitens, die Bedürfnisse, zu *handeln-um-anders-zu-sein*,[4] die Negation der Negation als Übergang zu einem anderen Leben. Das Maß dieser Bedürfnisse, zu handeln, ist qualitativ. Ihre Basis ist eine materielle; ihre Motivation (die Bewegung der Kraft in der Welt) ist die Behauptung des Bewußtseins der Einzelperson gegenüber der ganzen Gesellschaft. Diese Bedürfnisse könnte man auch bezeichnen als das Bedürfnis, Initiative zu entwickeln, das Bedürfnis, etwas Neues anzufangen, das Bedürfnis, etwas in der äußeren sozialen Welt Bestehendes durch die gleichzeitige persönliche Transformation zu verändern, das Bedürfnis, einen spontanen Ausdruck zu finden, was nichts mit der Suche nach dem Grund der eigenen Sicherheit zu tun hat. Auf dieser Ebene der notwendigen Bedürfnisse geht es uns um die Vernichtung, die Beseitigung all der entfremdeten Daseinsformen, die uns aufgezwungen werden. Der Orgasmus ist eine der wenigen, aber unendlich möglichen Arten, diese Vernichtung zu erreichen. Die Verrücktheit ist eine andere, aber nicht Verrücktheit als tragische persönliche Krise, sondern als Erneuerung unserer selbst in einer Weise, die all die zwanghaften Regeln, wie wir sein sollen, durchbricht, aber zugleich niemandem weh tut; Verrücktheit als Auflösung[5] (Dekonstitution) unsrer selbst, mit der impliziten Verheißung, in eine wirklichere Welt zurückzukehren.

Ferner gibt es das radikale Bedürfnis, das Bewußtsein unseres eigenen Todes wiederzugewinnen. Es genügt nicht – wie Benjamin Franklin – sich den Menschen als ein Werkzeuge gebrauchendes Tier vorzustellen. Dies ist wohl wahr, aber als primäre historische Tatsache gilt, daß der Mensch das einzige Tier ist, das über seinen Tod zu reflektieren vermag. Und abgesehen vom Ursprung des Privateigentums in der Arbeitsteilung und in der Entstehung des Gebrauchswerts gibt es den empirischen Ursprung des Privateigentums in Form der Angst vor dem Tod und des Bedürfnisses, sich selbst in der einen oder andren, zwangsläufig sinnlosen und vergeblichen Form zu verewigen. Im Hinblick auf dieses letztere falsche Bedürfnis erkennen wir das aktive revolutionäre Bedürfnis, die Angst vor dem Tod zu verlieren, denn der Tod findet nie Eingang in unser Denken, wir be-

sitzen ihn nie als unsern eigenen besonderen Tod, sondern wir leugnen ihn mittels der Mechanismen des Privateigentums, der Erbfolge, der Gewalt, des Mordes und der meisten Arten von Selbstmord. Letzten Endes, glaube ich, ist unsere Angst vor dem Tod nichts anderes als *unsere Angst vor der Unfähigkeit zu sterben*, denn sub-atomar und im Molekularbereich, mit jeder winzigen Ablenkung der Umlaufbahn eines Elektrons, bleibt etwas von unserem Leichnam in der Welt, bleibt die Einschrift unserer Geschichte bestehen, nicht nur in der Erinnerung der Menschen, die wir lieben, sondern auch im Gebrauch, den wir von unserem Körper machten. Und nicht nur in unsrer Geschichte und Vorgeschichte, sondern auch der des ganzen Kosmos.
Und dann gibt es bei jedem von uns das meist ganz unterdrückte Bedürfnis, nicht zu sprechen; nicht als Zwang in dem Sinn, wie wir den Zwang zu sprechen empfinden, sondern als Bedürfnis, vollkommenes Schweigen in der gesprochenen und geschriebenen Sprache entstehen zu lassen, denn in Wirklichkeit brauchen wir im Leben nur sehr wenige Dinge zu sagen. Und das Entstehen vollkommenen Schweigens ist mit Arbeit verbunden, nicht mit quantitativer Arbeit, nicht mit meßbaren Kräften, die ein meßbares Produkt haben, sondern mit qualitativer Arbeit, die ein qualitatives Produkt hervorbringt: die radikale Veränderung nicht unsrer Art, *in* der Welt zu leben, sondern unsrer Art, die Welt zu leben, denn es gibt keine andere Welt außer der Welt in der wir leben – im Licht, nicht im »Dunkel« unseres Todes. Dies bedeutet eine nicht zwingende Gemeinschaft der Menschen – im Unterschied zum mehr oder minder verholenen Zwangs- und Forderungscharakter fast aller Alltagskommunikation.

Für Plato (im *Gastmahl)* war Eros das endlose Streben aus dem Bedürfnis nach Vollkommenheit, denn er meinte, der Eros trage die Züge der Mutter und sei mit dem Bedürfnis verheiratet. Überhaupt finden wir bei Plato stets einen impliziten Familialismus. Für Aristoteles gab es unmittelbare Bedürfnisse, die im Familienleben und dessen ganzer Materialität befriedigt wurden, daneben aber auch die Bedürfnisse – notwendigen Bedürfnisse – des Staates, sich in Bereichen wie Kunst, Wissenschaft, Finanzen Markt usw. zu betätigen. Für Augustinus verwies die Frage der menschlichen Bedürfnisse auf das Paradies, wo es in einem vollkommenen Einen, einem vermeintlichen Kommunismus, überhaupt keine Bedürfnisse geben würde; vor der Verwirklichung des Paradieses seien die Bedürfnisse nur die gerechte Strafe für die Ursünde.

Kierkegaard fand eine Entsprechung zwischen Bedürfnissen und Mangel, und er bezeichnete die größte Armut als größten Reichtum; ein solcher Standpunkt bietet reaktionären Interpretationen weiten Raum. Auch dachte Kierkegaard fast nur an außergewöhnliche Menschen, etwa wenn er sagte, das Höchste, was man über einen Dichter oder Redner sagen könne, sei, daß er das *Bedürfnis* zu sprechen habe. Und schließlich wird das Bedürfnis für Kierkegaard zu einem Wert überhaupt. Für Adam Smith und Ricardo, die etwa um die gleiche Zeit, etwas früher, schrieben, wird das Bedürfnis endlich zum Bedürfnis nach Profitmaximierung – angeblich auch im weiteren Sinn.

Aber kehren wir noch mal zu Karl Marx zurück, bei dem das Bedürfnis die dialektische Beziehung zwischen Mensch und Natur mittels der Arbeit zum Ausdruck bringt. Vor allem bedeutete Bedürfnis für Marx all das, was der Mensch durch Arbeit tun muß, um seine totale Verwirklichung als Mensch zu erreichen und all das, was als innere Notwendigkeit erlebt wird, als Bedürfnis zu befriedigen. Für Marx war Bedürfnis nie einfach eine Frage der Produktion »vernünftigerer« Waren für den Markt, sondern eine Frage der Selbstverwirklichung. Eine der interessantesten unter all den vielen Marx-Deutungen (vielleicht sollten wir ihn weniger deuten und mehr lesen), ist die von Agnes Heller, dargelegt etwa in einem Buch, das ins Italienische übersetzt, unter dem Titel *La teoria dei bisogni di Marx*[7] 1974 bei Feltrinelli erschien. Nach all den Revolten, Kämpfen und Anfängen von Bewegungen, die es 1968/9 in West- wie Osteuropa gab, kehrt Heller zu gewissen Themen zurück, die von Lukács, dem »Vater« der Budapester Schule, der sie angehört, unzureichend behandelt wurden. In *Geschichte und Klassenbewußtsein* legte sich Lukács, wie Heller findet, zu sehr auf bestimmte, historisch bedingte und beschränkte Momente des Leninschen Denkens fest. Vor allem greift sie ein Konzept der radikalen Bedürfnisse wieder auf, das Marx in den *Ökonomisch-philosophischen Manuskripten* von 1844, in der *Deutschen Ideologie*, in den *Grundrissen* und in Teilen des *Kapitals* dargelegt hat. In den *Ökonomisch-philosophischen Manuskripten* spricht Marx von reichen menschlichen Bedürfnissen, die dem Kommunismus entsprechen und eine völlige Umkehrung der kapitalistischen Reduktion des Bedürfnisses aufs Bedürfnis, zu haben, darstellen. An der logischen Grenze des Kapitalismus kann der Arbeiter, der *per definitionem* nichts haben kann, nicht einmal Bedürfnisse haben.

Heller stellt bei Marx – was bestreitbar ist – zwei verschiedene Theorien des Widerspruchs fest. Die erste besagt, daß die Negation der Negation wie bei Hegel ein notwendiges Naturgesetz sei, wonach der Niedergang des Kapitalismus sich naturwüchsig aus einer mysteriösen Bewegung der Geschichte ergeben werde. Die zweite besagt, daß die Geschichte sich nur durch die Praxis bewegt, d. h. durch den revolutionären Kampf eines kollektiven Subjekts (der Arbeiterklasse), die sich kraft ihrer radikalen Bedürfnisse als Garant des Übergangs zu einer zukünftigen Gesellschaft konstituiert. Ich habe versucht, diesen scheinbaren Widersprüchen bei Marx gerecht zu werden, und zwar durch die von mir geprägten Begriffe des Bedürfnisses, zu haben, und des Bedürfnisses, zu handeln, wobei das Bedürfnis, zu handeln, ein autonomes Bedürfnis ist. Agnes Heller wurde wegen prinzipieller Abweichung aus der ungarischen Akademie der Wissenschaften verstoßen: sie hatte nämlich in einem System des »verwirklichten« Sozialismus versucht, den durch die Auffassung von der gesellschaftlichen »Notwendigkeit« begrenzten *Status quo* anzugreifen und ihm die Auffassung entgegenzusetzen, daß nur radikale Bedürfnisse zum wahren Bewußtsein des Kommunismus als einer realisierbaren Möglichkeit führen können. Infrastrukturelle Reformen, die die ökonomische Klassenbasis der Gesellschaft und die Produktionsverhältnisse verändern, beschränken nach Heller sich auf eine stückweise Befriedigung anderer Bedürfnisse als jener »immensen Bedürfnisse«, mit denen wir es in der letzten

Phase des Kapitalismus zu tun haben. Daher sei eine soziale Revolution oder eine Kulturrevolution neben der politischen Revolution notwendig. Heller wurde z. B. von dem italienischen marxistischen Theoretiker Pier Aldo Rovatti mit der Begründung kritisiert, sie unterschlage die Frage der Organisation als politischer Vermittlungsinstanz, sie spreche von Fragen des Lebensstils, etwa in den Studenten-Kommunen, statt von der Organisationspraxis, die darüber hinaus gehen müsse. Und es gebe bei ihr einen impliziten Moralismus, nämlich die »kollektive Pflicht«, uns in der Weise zu verändern, daß wir viele Tabus brechen, die wir vielleicht gar nicht brechen wollen. Aber wer »will« überhaupt Freiheit im abstrakten Sinn? So werden die radikalen Bedürfnisse von (anderen) Kritikern in den Rahmen von Wertsystemen gepreßt, die zu einem neuen Essentialismus führen. Wenn Heller von der künftigen Entwicklung der Arbeit spricht, meint sie nicht das Verschwinden des menschlichen Subjekts, das die Dialektik erfindet – im Gegensatz zu Engels simplistischer Naturdialektik,[8] bei der, wie eine kritische Richtung einwendet, kein menschliches Subjekt notwendig sei, um die einfache Reduktion natürlicher Vorgänge auf ein mechanistisches Modell zu leisten, das Dialektik zu sein vorgibt. Heller spricht vom Fortschritt der Arbeit als einem vitalen Bedürfnis (wie von Marx in der Kritik des Gothaer Programms dargelegt), das in dem Moment, wo es die Ebene freier intellektueller Aktivität erreicht, ein qualitatives Bedürfnis wird. Ohne Analyse der politischen Ausdrucksformen mitten im Kampf bleibt die Frage der Bedürfnisse dazu verdammt, zwischen naturalistischen oder ethischen Lösungen hin und her zu schwanken. Es ist wohl wahr, daß Marx selbst sich von den naturalistischen Lösungen distanzierte, aber wir müssen bei Marx auch unterscheiden zwischen der grob objektiven Sicht der Geschichte und jener anderen verborgenen Seite der Subjektivität: Bewußtsein/Praxis.

Im Gegensatz zu anderen Kritikern glaube ich nicht, daß die Begrenztheit von Hellers Ansatz philosophisch begründet ist, sondern daß sie – in einer Gesellschaft des »verwirklichten Sozialismus« – strategisch gewählt ist. Sie kann ja nicht viel *Konkretes* über die radikalen Bedürfnisse im heutigen

Budapest sagen, aber die dort geleistete Arbeit bedroht die bürokratische Ordnung mehr als der liberale Kommunismus eines Dubček, weil sie nämlich ideologisch begründet ist.
Um zum Konkreten zurückzukehren – Michel Foucault erinnerte mich (nach seinen Erfahrungen in Brasilien) an ein weiteres radikales Bedürfnis, das Bedürfnis nach körperlicher Gesundheit, und dabei warf er folgende Frage auf: wie sollen die Ärzte den Menschen Gesundheit ermöglichen, ohne sie der ärztlichen Macht zu unterwerfen. Ganz einfach ausgedrückt, könnte man sagen: wie will man den Krankheitsprozeß erklären, wenn man nicht lügen und irgendwelche Formen von Herrschaft zu Hilfe nehmen will, wenn man die Wahrheit sagen und die Leute nicht terminologisch durch die Techniken der medizinischen Macht verwirren will? Wie will man den medizinisch-technologischen Imperialismus beseitigen, die Fakten der Krankheit erklären und vor allem gemeinsame Entscheidungen von Arzt & Patient erreichen und dabei auch mit dem ärztlichen Paternalismus aufräumen – obwohl die Patienten so sehr auf diese Haltung konditioniert werden? Mehr denn je besteht heute ein Bedürfnis nach Klarheit, und was wir brauchen, ist die Eigenverantwortung – und wenn nötig Gegenmacht – der Patienten. In einigen sozialistischen Ländern z. B. werden Gesundheitsarbeiter in den notwendigen medizinischen Grundkenntnissen unterwiesen, aber sie erhalten auch eine Einführung in die ideologischen und kulturell/sprachlichen Bedingungen der unterdrückten Länder, in denen sie arbeiten werden.
Dabei geht es nicht um eine aufgewertete Erste Hilfe oder Do-it-yourself-Medizin. Die Arbeit der chinesischen Barfußärzte, wie überhaupt die hohe Achtung, welche die traditionelle, nichtwestliche Medizin dort genießt, ist eine immens praktische Angelegenheit. In den kapitalistischen Ländern zielt alle Spezialistenausbildung auf Privilegien und Macht und wird durchs System der Konkurrenz gefiltert. Der Medizinstudent muß, um sich für seinen Beruf zu qualifizieren, viele Dinge auswendig lernen, die, falls wissenschaftlich untersucht und verstanden, wunderbare und faszinierende Gegenstände ernsthaften Studiums sein könnten.

Dafür aber hat er keine Zeit – er hat nur Zeit für die endlose Akkumulation von Wettbewerbsmacht. Für die Armen dieser Erde (also die meisten von uns) geht es um praktische Hilfen, die es bislang schon gab und die noch allgemeiner verfügbar gemacht werden könnten. Die Aufgabe der großen Spezialisten wäre, anderen Arbeitern bescheiden als Genossen zu helfen. In einer Zeit der »Philosophie in der klassenlosen Gesellschaft« wird es *geschaffene* Zeit für die freie wissenschaftliche Spekulation geben, und diese wird anerkannt sein als radikales Bedürfnis, geprägt durch jenes andere radikale Bedürfnis nach Verantwortung – nach dem gesellschaftlichen Einstehen für die eigenen Handlungen aufgrund eines *kollektiven Bewußtseins*, das letzten Endes die Individualität dessen bestimmt, der nach Wissen strebt: im Gegensatz zu jener scheinhaften »Individualität« des »frei-unternehmerischen« Unternehmers im multinationalen Konzern, mit all seiner ökonomischen und ökologischen Gewalttat.

Oder denken wir an die europäischen Bestrebungen zur weiteren Professionalisierung und Pseudospezialisierung in den Humanwissenschaften; der gewaltige Überhang an arbeitslosen Psychologen (wozu werden sie ausgebildet – um noch mehr Bedürfnisse zu schaffen?), Soziologen, Philosophen und Historikern stellt eine subversive Bedrohung für den Kapitalismus dar.[9]

Die jungen Menschen haben heute praktisch keine andre Wahl, als politisch bewußt und aktiv zu werden – die Studenten müssen ihre soziale Wirklichkeit *als* Arbeiter erkennen (nicht mehr von »Revolten der Studenten *und* Arbeiter« reden), und mithelfen, die Revolution der Arbeiterklasse zu machen. Die herrschende Klasse bemüht sich, die stets wachsende Zahl der gefährlichen Subjekte zu kontrollieren, indem sie an den Universitäten unsinnige Zulassungsriten einführt (etwa den notorischen Scholastic-Aptitude-Test in den USA) oder indem sie den akademischen Standard anhebt, z. B. ein hohes Maß an neurophysiologischen Kenntnissen von Psychologiestudenten verlangt, denen die Grundlagen der Biologie fehlen. Gewiß wäre es schön, wenn ihnen diese Grundlagen vermittelt würden, aber der springende Punkt ist doch, daß zu viele fragende Studenten in den Humanwissenschaften das ganze System infrage stellen könnten. All dies zerstört das politische Bewußtsein und die echte wissenschaftliche Neugier, wie etwa der Fall jener wunderbaren Entdeckungen über die Funktionen des Rhinenzephalon, des alten, »vornehmlichen« Stammhirns zeigt: da gab es einen Beschluß (September 1976) einer US-Regierungskommission, die sich für den Schutz menschlicher Versuchspersonen bei wissenschaftlichen Experimenten zuständig wähnt; und dieser Beschluß gestattet psychochirurgische Eingriffe, die exakt auf gewisse Regionen des »Stammhirns« zielen, um – was offen zugegeben wird – soziale Abweichung, Nonkonformismus und Realität zu unterdrücken (wobei völlig unrealistische Ausschüsse die Operationen kontrollieren). Angesichts einer so massiven Indoktrinierung, beruhend auf der Produktion künstlicher Bedürfnisse durch Spezialisten, denen zugestanden wird, die einzigen zu sein, die diese Bedürfnisse »versorgen« können, gibt es nur eine mögliche Form der Aktion. Oder vielmehr, es gibt zwei,[10] die zusammenwirken können. Die erste wäre, in die Diskussion um die Frage der Intelligenztests einzugreifen, wie Noam Chomsky und Richard C. Lewontin es in bewundernswerter Weise getan haben.[11] Die zweite wäre, die faschistischen, antiwissenschaftlichen akademischen Agenten auszumachen, sie zu bekämpfen und abzuberufen, darunter die ganze Unzahl jener »Verhaltenswissenschaftler«, die im Kielwasser von B. F. Skinner und Eysenck schwimmen – einschließlich des gewesenen Psychodiplomaten Henry Kissinger, der nach dem Lohn/Strafe-Prinzip 2 Milliarden Dollar an die Weißen in Zimbabwe verteilen wollte – als Belohnung dafür, daß sie schwarze Marionetten nominell an der Macht beteiligen, die eine weitere Betätigung des US-beherrschten multinationalen Big Business im südlichen Afrika erlauben würden. Ein ansehnlicher Preis für eine angebliche Heilung. Aus dieser Erkenntnis müßten die Studenten der kapitalistischen Welt den Schluß ziehen und dasselbe tun, was die Schwarzen in Zimbabwe, Namibia und Azama (»Süd Afrika«), genau wie ihre Brüder in Kuba und Südostasien tun: nämlich ihre eigne Revolution machen, unter Ausnutzung aller vom Kapital unabhängigen Mittel. Und auch wenn die Sowjetunion es wollte, wäre sie nicht in der Lage, ihre Form des

Sozialismus in der Dritten Welt, geschweige in Europa, durchzusetzen.
Die Studenten in den kapitalistischen Ländern haben also eine Pflicht – nämlich ihre eigene Befreiung zu erreichen, wie alle unterdrückten Völker der Erde: sich zusammen mit politisch bewußten Lehrern zu organisieren und eine Kulturrevolution zu machen, die, wenn auch erst in fünf oder zehn Jahren, jene durch die staatlichen Agenten der herrschenden Klasse berufenen Amtswalter der akademischen Macht von ihren Plätzen abrufen wird. Heute ist es die wichtigste Aufgabe der Universität, eine Stätte der Auseinandersetzung zu sein, wie es die ersten europäischen Universitäten in Paris und Bologna vor 800 Jahren waren.
Solche Aktion ist Ausdruck eines autonomen Bedürfnisses, und sie ist letztlich die einzig mögliche Aktion, die zum Ziel der akademischen Freiheit führt – einer Freiheit, die uns nie geschenkt wurde, die wir heute ergreifen müssen.
Die politische, ökonomische, infrastrukturelle Revolution findet heute überall auf der Welt statt. Die soziale Revolution läßt noch auf sich warten. Wenn es uns gelingt, die politische und die soziale Revolution zu vereinigen, können wir die totale, die permanente, die kommunistische Revolution machen. Die Gefahr der politischen Revolution z. B. in den romanischen Ländern Europas besteht darin, daß wir »vergessen«, gleichzeitig die soziale Revolution zu machen, und dabei die repressiven Kräfte verewigen.

Es gilt offenbar noch mehr Dinge zu untersuchen, wenn wir uns den Tod als radikales Bedürfnis wieder aneignen wollen, doch zuerst sollten wir einige Unklarheiten über »haben«, »tun« und »sein« besprechen.
Ich verdanke Jean Robert[12] (von der Universität Guernavaca, Mexico) den Hinweis, daß der possessive Ausdruck von Bedürfnissen, z. B. »eine gute Verdauung haben«, in der englischen und auch in anderen Sprachen eine Erfindung erst dieses Jahrhunderts war; vordem verdaute man halt einfach. Ja, schon vor dem ersten Weltkrieg setzte ein semantischer Wechsel von der Verbform zum Substantiv ein. All dies zeigt einen Übergang von den natürlichen Formen des

Selbstausdrucks zu solchen Formen, für die man eine besondere Schulung braucht. Denn eigentlich »hat« man nicht ein Bedürfnis »nach etwas«, man »braucht« und »tut« es. Das »es« ist dabei genau jene Vermittlung zwischen *haben* und *sein* durch das *tun*, die die Klassifikation in ein »Anti-« auflöst! Jean beendete seine Kritik mit dem Satz: »Nun ja, ich *habe* keine Bedürfnisse, aber ich brauche mancherlei!«

Was also brauchen wir oder brauchen wir nicht? Wir brauchen keine Welt wie diese, die all unsre Vernunft vergewaltigt. Wir brauchen eine andere Welt, die wir *durch die Veränderung unsrer selbst* ändern können. Eine Welt, die uns nicht durch ihre Medien verdummen will, also keine Welt, die eine Vergewaltigung unserer Existenz ist – Vergewaltigung im Einvernehmen! Eine Welt, in der wir jederzeit verwundbar sein dürfen, ohne Zugeständnisse an die Macht eines Systems zu machen, das nur parasitär von unserer verborgenen Potenz lebt.

Wenn wir in einer solchen Welt nicht leben können – können wir es wagen, in irgend einer anderen vorstellbaren Welt zu leben? Ich glaube nicht. Aber ich glaube, daß wir unser Denken in die Richtung von Marx' 11. Feuerbach-These – und darüber hinaus – lenken müssen: Wir wollen nicht versuchen, uns unsere Welt anders zu denken, sondern sie zu verändern und sie schließlich *anders* zu verändern. Dies ist keine Frage der Veränderung um der Veränderung willen, sondern eine Frage innerhalb der Frage: Revolution? Revolution wofür? Das Haben des Tuns eines Seins das zum Werden eines Seins wird, welches sich in der engen Kurve seiner schwindelnden Spiralbahn selbst übertrifft. Kurz, unser auf die Katastrophe, den Abgrund zutreibendes Zeitalter steht vor der Herausforderung, die heute gängigen Techniken der Bewußtseinszertrümmerung aufzugeben – jetzt und für alle Zeit, die unsere Spezies sich noch vergönnt.

Post scriptum memo für andere Fach-Menschen:

Verwundbar zu sein heißt, daß wir uns für das Nächste offenhalten, das uns auf der Straße begegnet – für den Anblick des mißgestalteten, verstümmelten, alten Anderen, wie er uns nicht durch »sie«, sondern durch unsre eigne Erfahrung unseres eignen Leidens dargeboten wird. Kein Erleben aus zweiter Hand! Wir brauchen nicht die Bestätigung, daß das, was wir fühlen, »richtig« ist, weil der moralische Imperativ durch den anderen, irgend einen anderen, keinen anderen je bestätigt wird; moralische Imperative sind niemandes Sache. Da wir nicht die »professionellen Befreier anderer« sind, »bedürfen« wir der eignen Befreiung durch eine Philosophie des Risikos. Das Risiko ist genau das, was uns durch unser Fachmenschentum, durch unseren Widerstand gegen dieses Risiko nahegelegt wird. Es ist ein alter Hut, die Sache mit dem Risiko, aber wie können wir sie erneuern? Indem wir uns vom Zwang zur Neuerung befreien. Indem wir erkennen, wie wir anderen nachbeten, während wir uns selbst nachbeten.

Ein Risiko ist z. B. schon die simple Erkenntnis, daß wir als linke Intellektuelle, Akademiker, Fachleute, Zeitungs- oder Verlagsschreiber, Kritiker usw. eigentlich Wachhunde des Kapitalismus sind. Vielleicht erkennen wir nicht, wie wir ausgenutzt werden, um Informationen zu verzerren, während ein zunehmendes Bedürfnis nach einfacher Darstellung der Fakten besteht – nur minimal interpretierte Fakten, als Grundlage der Aktion. Wir müssen die Sprache vereinfachen (aber wie kann man etwas schreiben, ohne wenigstens Wörter wie *Dialektik* zu verwenden?). Zumindest aber dürfen wir das offenkundige Risiko eingehen, unsere Augen für das Offenkundige zu öffnen: dann erkennen wir vielleicht unsere ewige verschlagene Hinterfotzigkeit, unsere engstirnige sinnlose und aggressive Manipulation, die wir einander antun, und wenn wir endlich die Vergeblichkeit all dieser Mühen durchschauen, werden wir die größere Autorität und Authentizität, Würde und Großzügigkeit der Ärmsten dieser Erde erkennen, die in den Bergwerken und Gettos der kapitalistischen Welt, in den gefolterten Hinterhöfen der Dritten Welt leben – Menschen, auf deren Rücken die parasitäre Macht des Kapitalismus heute noch ruht,[13] die aber heute endlich anfangen, sich zu erheben und von ihrer Last zu befreien.

Zu zynisch für die Sentimentalität und zu sentimental für den Zynismus, können wir letztlich keinen moralischen

Trost bieten; aber es gibt die Vision einer solidarischen Verbindung von Menschen, die auf höchst unterschiedliche Weise unterdrückt werden. Wenn wir uns der ausgebeuteten Dritten Welt bewußt werden, *zu der wir hier in den Machtzentren der Ersten Welt gehören*, dann werden wir wissen, was unsere Bedürfnisse sind.
Wenn wir wissen, was wir brauchen, dann werden wir unsere revolutionären Kräfte vereinigen.
Und wenn wir dies tun, werden die Wachhunde des Kapitalismus Schoßhunde sein – wenigstens anfangen, endlich ein bißchen menschlich zu werden.

3

A nostro avviso la famiglia è e deve restare la cellula madre della società fascista.
Alter italienischer Spruch[1]

Die Familie, die in der Endphase des primitiven Kommunismus entstand, wird in Zukunft abgeschafft werden. Sie hatte einen Anfang, und sie wird ein Ende haben.
Mao Tse-tung[2]

Orgasmische Politik

Das erste, was man über den Orgasmus sagen muß, ist, daß man nicht über ihn sprechen kann. Man kann aber »drumherum« reden, und da stellen wir fest, daß solche Rede unmittelbar politische Rede wird: mit klaren Konsequenzen für die Aktion.
Ich will nun ein paar Dinge rund um den Orgasmus sagen, und zwar im Sinn der Erfahrung, nicht im mechanistischen Sinn biologischer Reaktionen nach Art Wilhelm Reichs, dem historisch der Blick für die *Vermittlung* zwischen dem Mikro- und dem Makropolitischen durch Erfahrung/Aktion fehlte. Reich, dessen Mut im Kampf mit dem politisch reaktionären psychoanalytischen Establishment sehr zu bewundern ist, definiert seine Sexualökonomie z. B. als Theorie der ›Grundgesetze der Sexualität‹. Diese Grundgesetze sind bestimmt durch die ›Orgasmusformel‹: Spannung – Ladung – Entladung – Entspannung.« »Psychoanalyse ist eine Psychologie. Sexualökonomie ist Sexologie. ›Sexologie‹ ist die Wissenschaft von den biologischen, physiologischen, emotionalen und sozialen Prozessen der Sexualität. Sexualökonomie ist die erste Disziplin, die den Beruf des Sex-Arztes begründet.« »Die Fülle emotionaler Affekte, die in der Hand unerfahrener Praktiker gewisse Gefahren bedingt, erfordert eine äußerst genaue Kontrolle in der Ausbildung wie in der Praxis. Diese Kontrolle kann *per definitionem* nur durch be-

sonders geschulte Ärzte und Pädagogen ausgeübt werden.« »Er muß die Grundbedingungen des Mechanismus kennen, der bei der Schizophrenie und bei der manisch-depressiven Psychose wirksam ist.« (Zitiert nach der Erklärung der Norwegischen Regierung anläßlich der »Autorisierung der psychoanalytischen Praxis, 1938«.)

Es geht hier nicht einfach um Reichs allgemeine Position, die eine pseudo-naturwissenschaftliche Sprache unvermittelt auf den makropolitischen Bereich überträgt, sondern es geht um die – in diesen Zitaten deutlich zum Ausdruck kommende – deformierende Unterordnung der Sexualität unter die Macht professioneller Experten, besonders der Ärzte. Wie können wir über die »Orgasmusformel« hinausgehen, um zu den gegenwärtigen Erfahrungen wirklicher Menschen in der politischen, nicht in der »wissenschaftlichen« Realität zurückzukehren?

Der Orgasmus ist die Ausschaltung der Geistesfunktionen[3] auf dem Gipfel einer sexuellen Erfahrung. »Im« Orgasmus gibt es kein Verlangen, keinen Instinkt, keine Leidenschaft, keine Liebe.

Es gibt beim Orgasmus keine zwei Personen, weil nicht mal eine Person übrig bleibt. Es gibt keine Erfahrung des orgasmischen Augenblicks, weil dieser Augenblick gerade die Ausleerung aller Erfahrung ist.

Allerlei Mythen werden um den »gleichzeitigen« Orgasmus als höchstem Wunschziel gesponnen. Nun, er ist etwas, das manchmal geschieht oder manchmal aus mißverstandner Rücksichtnahme (eine der Formen von Schuldgefühl) vorgetäuscht wird. Worauf es aber ankommt, das ist, daß du dein Selbst (»Realität«) aufgibst. Und die Voraussetzung dafür ist, daß der andere genauso die »Realität« aufgibt – welche die beiden sind. Aber tiefer noch ist das Bedürfnis, vom andren im Zustand der Selbstlosigkeit erlebt zu werden. Darin drückt sich eine umfassendere gegenseitige Bejahung aus als im berühmten gleichzeitigen Orgasmus. Die Erfahrung, die du im Zustand der Selbstlosigkeit machst, ist die Erkenntnis der Nicht-Substantialität des Selbst, und dies ist der Schlüssel zur Demystifikation und Aufhebung der entfremdeten Selbst-Strukturen, die das persönliche mit dem makropolitischen Bewußtsein verbinden.

Zur Frage von außergenitaler Sexualität und Homosexualität: dabei geht es nie um »Unreife« oder »Fixierung« auf ein Stadium der polymorphen Perversität oder Prägenitalität. Alle Stadien und alle Formen sind beteiligt. Es geht einfach um die Wahl, welcher Teil deines Körpers und welche Person dich erotisch erregt und zum Orgasmus bringt. Man könnte auch behaupten, daß die Unfähigkeit zum homosexuellen Erleben eine »Krankheit« ist, die der »Behandlung« bedarf. Ich meine eher, es geht einfach darum, deinen eigenen Weg zum Orgasmus zu finden, der dir am meisten Freude macht.

Alle orgasmischen Sexualbeziehungen sind heterosexuell und homosexuell und polymorph. In jenen Phasen des Erlebens, die dem Orgasmus vorausgehen, sind wir nicht nur zweigeschlechtlich, ohne den Gegensatz von Penetrator / Penetrierte(r), sondern wir sind alles – bevor die Allheit der Dinge in der Auslöschung des Geistes verloren geht, die zu unserer Erneuerung führt: und diese nimmt die Gestalt aller Regionen vergangenen und zukünftigen Seins ein.

Und was ist mit dem Alter? Manche Männer lieben ältere Frauen, obwohl die meisten jüngere finden. Dies ist zum Teil deshalb so, weil Männer lange brauchen, um ihre orgasmischen Möglichkeiten zu finden – oft erst in mittlerem Alter, nach vielen Ehejahren und vielen Kindern. Die Veränderungen bei der Menopause der Frau sind gesellschaftlich konditioniert und sollten sozial-politisch reversibel sein. Bei anderen Primaten gibt es keine eindeutige weibliche Menopause – diese ist unsere menschliche Erfindung, zum Zweck der Reproduktion von Arbeitskräften für das Eigentums-System. Politische Veränderung bedingt eine Veränderung unserer endokrinen Struktur in der Art, daß orgasmische Möglichkeiten weit über die gegenwärtigen endokrinen Grenzen (= Nachlassen des orgasmischen Potentials nach der Menopause durch Atrophie der äußeren Genitalien und die Verringerung der Sekretion) erreichbar wären. Diese politische Chemie unserer Körper hat offenbar nichts mit einem bloßen Regimewechsel zu tun, sondern sie ist ein evolutionärer Vorgang, der einhergehen wird mit der Abschaffung der Machtstrukturen in den menschlichen Beziehungen und jener ökonomischen Infrastruktur, die diese konditioniert.

Formen der Therapie[4], die darauf abzielen, den Körper des einzelnen zu befreien, werden leicht durch das System vereinnahmt – nicht nur aufgrund der Tatsache, daß sie kommerzielle Techniken sind, sondern weil die Befreiung zerbrechlich ist und weil du an deinen alten Platz in einem unveränderten sozialen Kontext zurückkehrst. Das ist sowas wie das gute Gefühl, wenn du das Rauchen aufgibst (manche glauben, sie hätten damit die ökologischen Probleme der Welt gelöst). Es ist auch sowas wie Meditation in einem kapitalistischen Kontext. Die Frage der Befreiung muß in anderem Sinn gestellt werden – in politischem Sinn und vor allem unter Betracht der Zeit.

Vor und nach dem Augenblick der Geist-Leere (der Austilgung der entfremdeten Erfahrung), gibt es natürlich das intensivste Erleben, das intensivste Verlangen, aber dies ist eine Erfahrung am Rand des Orgasmus, nicht »in« ihm.

Niemand kann »einen Orgasmus haben«, weil man nicht nichts haben kann. Dies Nichts ist Sein, bei dem du ohne (außerhalb) bist. Orgasmus ist nichts, aber er ist nicht nirgends.

Wie jenes andere Nichts, das die Leute das »Selbst« nennen, hat der Orgasmus einen geschichtlichen Zeitpunkt und einen Ort, aber er hat keine Substanz; er ist durch die Richtung gewisser Handlungen und Erfahrungen festgelegt. Der Orgasmus ist die exakte Objektivierung des Selbst als eines spezifischen Nichts. Und auch mit den bestausgeklügelten Diagrammen und Systemen ist es unmöglich, »rund um« den Orgasmus zu reden, wenn man von der psychoanalytischen Konzeption des Selbst als einer Art Behältnis ausgeht, in das die Objekte hineingetan oder von dem sie ausgesandt werden (Introjektion, Projektion usw.) – oder von der biologischen Konzeption, bei der das menschliche Wesen auf einen substantiellen Organismus reduziert wird, bei dem »Triebspannungen« durch den Orgasmus gelöst werden sollen. Wobei alldies dann einfach mit dem gesellschaftlichen Ganzen zusammengeworfen wird.

Statt dessen müssen wir Sprache in der Weise gebrauchen, daß die Sprache des normalen Bewußtseins, die anti-orgasmisch ist, untergraben wird. Zum Beispiel könnten wir Sprache nicht nur zum Zweck der Information gebrauchen, sondern in der Weise, daß die Wörter in unserer Rede nur existieren, um vollkommenes Schweigen zu bilden. Dies ist orgasmische Sprache – und in gleicher Weise zerstören orgasmische Taten die bourgeoise Zeit, die Normalzeit, um nicht von ihr zerstört zu werden.

In der kapitalistischen Gesellschaft wiederum wird Normalität von den Besitzern der Produktionsmittel definiert, und sie wird einzig in deren Klasseninteresse definiert, ihre Definitionen werden von all denen akzeptiert, die durch die systematische, mehr oder minder subtile Desinformation und die falschen Wörter in den kapitalistisch kontrollierten Medien – Presse, Radio, Fernsehen – und im Erziehungssystem verstört und verwirrt werden, obwohl dies ihrem Interesse zuwiderläuft. Und dies, damit die Menschen nicht gegen die kapitalistische Produktionsweise und die Produktionsverhältnisse revoltieren, damit sie die repressive Version von Normalität, die diesem System entspricht, akzeptieren.

Dieser repressiven Normalität entspricht der repressive Gebrauch der Zeit. Die kapitalistische Zeit – total konditioniert durchs profitorientierte Produktionssystem, das auf der Ausbeutbarkeit von Menschen beruht – verknastet das Geschlechtsleben und zerstört die Bedingungen für die Möglichkeit des Orgasmus. Die Grundbedingung des Orgasmus ist die Vernichtung der regulären Uhrzeit – damit wir die unendlich variablen Uhren unsrer Körper wiederentdecken. Der Mann, der Tag für Tag nach achtstündiger Routine-Arbeit nach Hause kommt und den Abend routinemäßig (Routine-Essen, Routine-Fernsehen) zusammen mit seiner Routine-Familie verbringt, geht dann mit seiner Frau ins Bett, die bestenfalls mit unterdrückter Wut die bedrückenden Bedingungen ihrer täglichen Routine haßt, die auf die Zerstörung ihrer Persönlichkeit und Autonomie zielt. Schlimmstenfalls akzeptiert sie passiv ihren Zustand. Wenn sie ein oder zweimal die Woche, alle vierzehn Tage oder jeden Monat zehn Minuten lang [4a] »Liebe machen«, dann tun sie dies im Rahmen der zerstörten Zeit-Bedingungen für den Orgasmus. Der Mann, der die mechanische Routine seines Arbeitstages verinnerlicht hat, bringt diese Routine in seinem Körper zum Ausdruck und verwechselt die lustvolle Ejakulation, die etwa wie ein guter Schiß ist, mit dem Orgasmus. Reich wußte natürlich, daß die Ejakulation nicht Orgasmus bedeutet, sondern daß der Orgasmus mehr ist als eine mechanische »adäquate Lösung von (körperlicher) Spannung«; erlebter Orgasmus ist der erneuernde Schritt heraus aus einem alten Geist und zurück in einen neuen im Beisein eines anderen Menschen, mit dem du Vertrauen herstellst, ohne daß ihr falsche Versprechungen auf eine »Zukunft« braucht. Die Frau dieses Mannes aber, mit ihrer mehr oder minder jungfräulichen Klitoris, ist darauf konditioniert, dies als »es« zu akzeptieren – diese Routine, und nichts mehr. Man könnte das »protestantische Arbeitsethos« umkehren und sagen: »Früh ins Bett und früh auf den Beinen, macht den Mann impotent, elend und tot.« »Gesund, wohlhabend und weise« – das ist nur immer für die andren. (Auf englisch heißt der Spruch: »Early to bed and early to rise/ make a man healthy, wealthy and wise.« David Cooper dagegen: »... make a man impotent impoverished and dead.« d. Ü.)

Diese *prokreative Sexualität* zielt bei geringstmöglicher Lust auf die Produktion von Muskelkraft (man-power) für den Arbeitsmarkt, und Gebärkraft (woman-power) für die Erhaltung der Familie als wichtigstem Vermittler repressiver Gewalt, der den Menschen zuerst beibringt, sich gehorsam zu unterwerfen, auf ihre Autonomie zu verzichten und ihre Hoffnung aufzugeben. Ihre Unterdrücker, die nicht produzierenden Parasiten, verbergen sich hinter anderen Vermittlungssystemen der Repression wie Kindergarten und Schule, der reglementierten Fabrik mit ihrer entfremdeten Arbeit, der technokratischen Universität und allen übrigen Agenten der Repression: Bürokraten, Polizisten, Psychiater, Psychologen, Experten für human relations und Sexologie, Erzieher usw. – die ebenfalls Opfer der Repression sind, die sie ausüben.

Prokreative Sexualität ist unterwürfige Sexualität; sie ist der totale Widerspruch zur *orgasmischen Sexualität*. Prokreative Sexualität heißt in der Regel nur, daß ein Penis in einer

Vagina masturbiert – wobei die Klitoris praktisch und praktischerweise jungfräulich unberührt bleibt. Für solche Sexualität ist die »Missionarsstellung«[5] ideal geeignet (Mann auf Frau) – der Mann kann masturbierend drauflospumpen, die Frau kann sich überhaupt nicht bewegen. Orgasmische Sexualität meint, daß es mehr Dinge gibt, die wir mit meinem und deinem Körper zusammen tun können. Orgasmische Sexualität ist revolutionäre Sexualität[6]. Der Augenblick der Ekstase, des Heraustretens aus deinem Geist und aus dem repressiven Zeitsystem der anderen ist ein revolutionärer Moment. Dieser Moment beruht auf Vertrauen, und er ist ein zentraler Ausgangspunkt von Autonomie und Freiheit in den menschlichen Beziehungen – und daher der revolutionären Solidarität. Auf Englisch heißt Vertrauen »trust«; was mir an diesem Wort nicht gefällt, ist der moralistische und sogar finanztechnische Anklang. In den romanischen Sprachen kommt sogar ein Hauch von Treue und religiöser Inbrunst hinzu. Da könnte man im Italienischen anstelle von *confianza* lieber *affiatamento* sagen – im Sinn von Harmonie zwischen Menschen, die einander achten und anerkennen (lat. *flatus* [Lebens-]Atem), z. B. das *affiatamento* von Genossen, die gemeinsam ihr Leben riskieren. Auch *orgasmo* hat im Italienischen die weitere Bedeutung von großer Begeisterung, wie sie mit manchen menschlichen Erfahrungen verbunden ist: wenn du etwa sagst »Meine Mutter hatte heut morgen in der Kirche bei diesem neuen Priester einen *orgasmo*«, dann ist damit keine sexuelle Aktivität gemeint (obwohl man nie die Hoffnung aufgeben soll). Die Unterdrückung anderer materieller Bedürfnisse wie Nahrung, Wärme und Obdach sind nicht Grund genug für die *totale* Revolution. Wir brauchen die Revolution gegen das kapitalistische System, aber wieder müssen wir unbeirrt fragen: »Revolution wofür?« Es geht offenkundig nicht darum, irgendein Tabu wie das Inzesttabu zu brechen, sondern jedes Tabu, das wir gemeinsam und in Übereinstimmung zu brechen beschließen. Unlängst schilderte jemand es mir als großen Fortschritt, wenn dem Kind von einem gewissen Moment an »erlaubt« würde (wie soll man zwischen »erlauben« und »aufzwingen« unterscheiden?), das Inzesttabu zu brechen – das sei es dann. Das ist »es« nicht. Wer konditioniert

die Bedürfnisse eines Kindes? Neue befreite Formen, unsere Beziehungen zu leben, bilden nicht automatisch einen Wechsel im Eigentum an den Produktionsmitteln – ebenso wenig wie »umgekehrt«. Auch die repressive kapitalistische Zeit muß zerstört werden, und es war kein Zufall, daß die Kommunarden in Paris 1871 »instinktiv« auf die Uhren schossen, die ihnen die bourgeoise Zeit repräsentierten.[6a]
Das radikalste unter den radikalen Bedürfnissen ist das Bedürfnis, die Gesellschaft in dem Sinn zu entnormalisieren, daß wir nicht nur einige, sondern *alle* repressiven Strukturen *jetzt* angreifen, und dieses radikalste der radikalen Bedürfnisse brauchen wir im Hinblick auf unser Bedürfnis nach spezifischen Freiheitserfahrungen: im Orgasmus, der die prokreative Familienrepression zurückweist, und in der kreativen Verrücktheit oder verrückten Kreativität, die die psychiatrische Repression zurückweist. Solche Formen, unseren Geist dauernd, wenn auch nie vollkommen auszukehren, zu klären und zu erneuern, sind subjektiv und bleiben im qualitativen Rahmen, aber ihre Basis ist eine materielle, und ihr Modus ist das individuelle und soziale (kollektive) Bewußtsein; sie sind historisch konditioniert, und sie sind faktisch, nicht metaphysisch. Wenn sie frustriert sind, oder wenn's manchmal unmöglich ist, sie auszudrücken, so drückt sich darin die fortgeschrittenste Ebene des Widerspruchs in der kapitalistischen Gesellschaft aus – aber die gleichen Schwierigkeiten bestehen auch in sozialistischen Ländern, wo ein unzureichendes revolutionäres Bewußtsein zu einer Situation geführt hat, in der die soziale Revolution hinter der politischen zurückbleibt.
Wenn wir für uns selbst produzieren und nicht, um Mehrwert zu schaffen, dann schaffen wir Zeit für uns, in der wir einander begegnen, miteinander spielen und uns aneinander freuen: ohne die Repression eines regulären Stundenplans.[7]
Jedenfalls werden viel zuviele Güter produziert, um die Menschen zu täuschen, ihnen Illusionen der Freude vorzugaukeln und sie aus der Realität der Freude in befreiten Beziehungen zu vertreiben. Und neben der Absurdität nutzloser Konsumgüter (und all der identischen Pseudo-Notwendigkeiten mit verschiedenen Markennamen) gibt es die Absurdität all der Millionen von Arbeitern in den Büro-

häusern, in Werbeagenturen und Banken – und in den endlosen Korridoren der kapitalistischen Staatsbürokratie, die *nichts als* Profit und Wahntäuschungen zum Nutzen ihrer Chefs produzieren. Es gibt viel Zeit zu befreien in all diesen Bürobauten – freie Zeit, die nicht nur Voraussetzung für die orgasmische Erfahrung ist, *sondern durch diese geprägt werden muß*. Der neue revolutionäre Faktor ist, daß die Menschen anfangen zu lieben, statt nur zu ficken, um Nachwuchs für die Chefs zu produzieren. Orgasmus ist eine ansteckende gute Verrücktheit. Befreiung zum Orgasmus bedeutet das Ende des servilen lähmenden erstickenden Familiensystems, das nur den Chefs dient; es ist die Schaffung einer wahren Familie von »Schwestern« und »Brüdern«.

Dies Gerede von der »wahren Familie«, obwohl offenbar ironisch gemeint, ist allzu suspekt. Schluß mit den »brüderlichen Grüßen«.

Wo es um Liebe geht, da gibt's keine Frage der Promiskuität. Es gibt keine Frage der sexuellen Perversionen. Sexuelle Perversionen existieren nicht, weil nichts, was zu Vertrauen und Orgasmus führt, pervers sein kann. Nur Sadismus und Masochismus, bis zur körperlichen Beschädigung getrieben, sind nicht-orgasmische Beziehungen der Unterwerfung und Unterdrückung: es sind nicht-sexuelle Perversionen, typische Produkte des kapitalistischen Produktionssystems und aller Herr-und-Knecht-Systeme.

Fick die Uhren des Chefs und mach Liebe[8] mit deiner/m Nachbar/in (vorausgesetzt, dein/e Nachbar/in will).

Die Welt hat so viel gelitten unter der Tatsache, daß Jesus Christus angeblich starb, um sie zu erretten – es wäre besser gewesen, wäre er historisch so verstanden worden, als hätte er einen Orgasmus gehabt, um sich selbst zu retten.[9] Die Kreuzigung war kein Orgasmus, sondern – in der Machtstruktur der entstehenden Kirche – der historische Auftakt der Unterwerfung im Interesse der entstehenden Feudalgesellschaft.

Die persönliche Bedingung des Orgasmus ist Vertrauen zwischen zwei Menschen – eine durch persönliche Arbeit bewirkte Harmonie. Dies Vertrauen ist etwas ganz andres als die bourgeoise »eheliche Treue«. Mit diesem Vertrauen bilden wir nicht-exklusive, nicht-possessive Beziehungen, die

der Repression den Tod ansagen. Mit orgasmischem Vertrauen stärken wir letztlich die Solidaritätsbindungen zwischen uns. Dann werden wir nicht nur einen revolutionären Prozeß durchmachen – wir werden die permanente Revolution machen.
Die Experten für Dinge der Psyche reden über die Sexualität *anderer* Menschen und rennen verzweifelt vor der Bewußtheit und Darstellung ihrer eigenen Sexualität davon. Wenn wir dies wieder mal tun, sollten wir uns bei der Nase fassen oder einander bei der Nase fassen und uns daran erinnern, daß es orgasmische und nicht-orgasmische Arten, miteinander zu reden und einander anzusehen, gibt. Manche von uns sind – wenigstens durch ihre Ausbildung – Psychoanalytiker des Großen Phallus,[10] dessen einzige Funktion offenbar die Klitoridektomie der Frau ist. Andere sind Psychiater, die Verbrechen gegen die Menschlichkeit begehen, nicht nur in Form der Mystifikastration, von der die Psychoanalytiker reden, sondern als buchstäbliche Kastration der Patienten durch spezifische neuroleptische Drogen und durch den anti-sexuellen Sozialprozeß der Institutionalisierung in den Kliniken, Gemeindezentren und Sektoren. Wieder andere von uns sind die zukünftigen Opfer dieser Formen von repressiver Gewalt.
Schließlich: die soziale Revolution geschieht *jetzt*, nicht erst in ein oder zwei Jahren. Sie geschieht in jeder Institution zur Vermittlung kapitalistischer Repression – in jeder Schule, Fabrik und Universität, in jedem Knast, in jeder Familie und in jedem Bett.
Die Leute kommen *nicht* auf internationale Kongresse[11] über Sexualität und Politik, um eine Konfrontation mit Problemen der Sexualität zu vermeiden, sondern um ihre Sexualität zu vermeiden. Andere *kommen* zweifellos, um mit vielen gewichtigen Wörtern der Mystifikation einer Konfrontation mit der Sexualität auszuweichen.
Es geht nicht darum, daß du keine Zeit für solches Ausweichen vor unserer sexuellen Realität, vor dem wilden Überschreiten unserer körperlichen Grenzen hast, oder daß ich keine Zeit dafür hätte. Die Geschichte hat keine Zeit dafür.

4

Verbindungen - und ein paar Unterbrechungen

Bevor wir unsere Reflexionen über Verrücktheit und Orgasmus – im Kontext der radikalen Bedürfnisse – abschließen und erörtern, was gegen die repressive Gewalt getan wird und getan werden kann, sollten wir vielleicht gewisse Verbindungen nachzeichnen: Verbindungen zwischen der Politik unsres persönlichen Lebens und dem Makro- und Geopolitischen – und womöglich darüber hinaus. Auch wenn manche dieser verbindenen Sätze in aphoristischer (von grch. ὅϱοδ – Grenze) Form dastehen, sind sie doch Provokationen, die Grenzen sprengen wollen, um Dinge mit einander zu verbinden – nicht aber definierende, »ausgrenzende« Aussagen.

Wir könnten unzählige Beispiele aus dem persönlichen Leben anderer Menschen anführen, aber vielleicht ist es besser, wenn wir unsere eignen, persönlichen Quellen finden, um die Ideen, von denen die Rede ist, »aufzunehmen«. Es ist mitnichten pervers, und es sollte dich nicht wundern, wenn jemand zu dir sagt:

Wenn du weißt, sage ich es dir
Wenn du nicht weißt, sage ich es dir nicht

Unsere Erfahrungen mögen noch so verschieden sein – es kann doch nur ein Ziel geben: das Selbstverständliche als solches wiederzugewinnen. Denn es ist eine Sache, ob du dir das von hohen Prinzipien genährte Mitleid leisten willst, die anderen wissen zu lassen, daß du weißt (und daß du weißt, daß sie wissen, und daß sie wissen, daß du ... usw.); eine andre ist es, ob du den gesellschaftlichen Vorwurf der Arroganz riskieren willst (obwohl es eher um eine Frage des Respekts geht), wenn du nämlich als selbstverständlich annimmst, daß der an einem Dialog beteiligte Andere das Selbstverständliche aufgreifen und im Raum zwischen uns fröhlich in die Luft werfen wird.

Immerhin: wenn du nicht rücksichtslos genug bist, erfindest du einen neuen Sadismus.

Über die Entfremdung: Das Unbewußte ist eine Art des Bewußtseins – Die Dialektik in der Natur

Bei der Entfremdung geht es um die Aufspaltung einer ursprünglichen Einheit, aber wir sollten hinzufügen, »... in der Sphäre des Menschlichen«. Das Wort »Entfremdung« hat eine lange Geschichte.[1] Hegel meinte damit die unglückliche Tatsache, daß wir in unserem Inneren gequält werden durch die Erkenntnis, daß es außerhalb unsres Inneren noch etwas gibt (Gegenständlichkeit und Entäußerung), das mit uns etwas zu tun hat; er sah einen Zusammenhang zwischen dem metaphysischen Inneren und dem Äußeren, der nur durch eine Art masturbatorischen Orgasmus des Abstrakten Geistes aufgelöst werden konnte.

Marx dagegen erkannte, daß die Entfremdung praktisch im täglichen Leben stattfindet, wenn die Handlungen der Menschen (Vergegenständlichung und Entäußerung) gegen sie gekehrt werden. Weil Marx erkannte, daß die Entfremdung aus der Spaltung der Gesellschaft in Klassen von Ausbeutern und Ausgebeuteten entspringt, daß ihr Ursprung im Privateigentum liegt, konzentrierte er seine Arbeit auf die Kritik der politischen Ökonomie als derjenigen Wissenschaft, die er zu seiner Zeit als die für den Menschen relevanteste verstand (wenngleich wir die Entfremdung heute auch in anderen Wissenschaften vom Menschen – und von der Natur – untersuchen, deren Relevanz zunimmt). Diese Wissenschaft der Adam Smith, Ricardo, Mill usw. bezeichnete zwar die Entfremdung implizit als notwendig für ihre jeweilige Sicht des gesellschaftlichen Wohls, aber sie enthüllte ihren Charakter jedem, der bereit war zu sehen. Heute aber muß die Kritik auf alle Wissenschaften in ihrer bourgeoisen Gestalt erweitert werden – bis hin zur fortschrittlichsten Psychoanalyse und zur »Soziologie des Absurden«.

Die »Sphäre des Humanen« entsteht aus dem Wirken von Bewußtsein/Aktion, das ein reflexives Bewußtsein schafft (Bewußt-sein dessen, was uns hauptsächlich bewußt ist), welches wiederum, wenn es systematisiert wird, Wissen schafft. Irrtum entsteht, wenn wir versuchen, ursprüngliches, prä-reflexives Bewußtsein auf Begriffe zu reduzieren, die durch die Reflexion des Wissens gesetzt sind. Wissen ist natürlich Entfremdung (die durch Reflexion eingeführte Spaltung im Bewußtsein) und bedingt ein mystifizierendes Pendeln zwischen Innen und Außen, so daß wir anfangen zu glauben, es sei wirklich »da« (»außen = Realität«) – wie seine wirklich realen Effekte und Resultate. Begreifen wir Wissen aber »mit einem Körnchen Salz«, dann ist nichts Unrechtes dran, besonders wenn wir damit umzugehen wissen. Es gibt auch »gute« Entfremdung – Entfremdung ist keine moralische Verurteilung.

Reflexion entstand vermutlich (phylogenetisch) beim Übergang vom anthropoiden Affen zum Menschen; und beim menschlichen Kleinkind (ontogenetisch) stellt sie sich vermutlich ein, wenn die Erwachsenen es anschauen und sagen: »Jetzt wird es ein menschliches Wesen (wie wir)«. Ich sehe aber gar nicht ein, wieso nicht auch ein im Zoo eingesperrter Gorilla oder Orang Utan sich hin und wieder seines Bewußtseins reflexiv bewußt sein sollte (und ich wehre mich gegen die naheliegende psychoanalytische Deutung meines alten Traumes, wenigstens einmal mit jemand – mit dem Gorilla, dem eingekerkerten Volk – zu sprechen, der mich verstünde, der mich mithelfen ließe, die Gitter seines Käfigs zu zerstören und dann mit mir fliehen würde – ohne die müßige Frage, wer da wen befreit hat).

Vor drei Millionen Jahren fingen die Menschen an, Werkzeuge zu gebrauchen. Vor zwei Millionen Jahren fingen sie an, Feuer zu machen. Erst vor 100 000 fingen sie an, ihre Toten zu begraben. Nachdem der Mensch so lange über die Außenwelt reflektiert hatte, fing er zuletzt an, über sich selbst zu reflektieren. Das menschliche Subjekt wurde mit seiner Negation, seinem Begräbnis geboren. Das menschliche Subjekt als Objekt der Wissenschaft hat nur eine Geschichte von etwa 200 Jahren.

Der Reflexion geht ein prä-reflexives Bewußtsein voraus, das in gewissen Stadien, den postnatalen Stadien der frühen Kindheit, das Freudsche (und Ranksche, Kleinsche usw.) »Unbewußte« bildet (einschließlich genetisch vorgeprägter Urphantasien wie Geburtstrauma, Neid, Urszene, Kastration, Verführung – und die ganze ödipale Litanei). Bewußtsein, das der beklagenswerte, noch nicht sich beklagende Säugling vielleicht hat, wird jedenfalls – neben all den

anderen fragmentierenden Einflüssen – durch diesen psychoanalytischen Schwindel verstümmelt: und auch durch die heute vom Elternpaar selbst pflichteifrig geübte Protopsychoanalyse. Jung erweiterte das Freudsche Unbewußte um weitere Bereiche, die wiederum durch ihre vorgeprägten Phantasien gekennzeichnet sind, aber diese kommen bei ihm aus dem »kollektiven Unbewußten« der Rasse und haben vielleicht, vielleicht auch nicht (Jung sagt es nicht eindeutig), lokalisierbare Entsprechungen im menschlichen Hirn. Meinetwegen, das Neurophysiologische ist wichtig, zugleich aber potentiell gefährlich. Es ist wichtig, wenn wir es in der totalisierenden Bewegung des Wissens be-greifen (und nicht von ihm ergriffen werden), und es ist gefährlich, wenn man damit versucht, die Realität menschlicher Erfahrung auf den Aspekt der Manipulation menschlicher Objekte zu reduzieren.
Der reflexive Akt des Bewußtseins an sich ist nicht die einzige Aktivität des prä-reflexiven menschlichen Bewußtseins: ein weiteres Aktionsfeld ist dort, wo das prä-reflexive Bewußtsein sein Objekt als untrennbar (vom Bewußtsein), aber auch als *das andere*[2] setzt. Bewußtsein, sei es präreflexiv oder reflexiv, hat keine andere Substanz als die Spezifizität der (nicht-[physisch]-räumlichen) Ausrichtung. Es ist keine »äußere Emanation« des »Geistes« oder des »Selbst«, sondern Geist und Selbst sind in gewissen Momenten – in trügerischer Analogie – »innere Emanationen« von reflexivem Bewußtsein. Geist und Selbst nicht nichtphysische, unbesetzte Räume, ausgewiesen durch die spezifische Ausrichtung nicht-metrischer Linien oder Reihen von synchronen Akten und Erfahrungen. Die Analogie versagt an dem Punkt, wo die »inneren Emanationen« sich ins spezifische Nichts des ganz definiten Raumes auflösen, wo »Geist« oder »Selbst« angeblich (so will es das reflexive Bewußtsein) sein sollen, aber nicht »sind«. (Siehe Kap. 2, »Gewahr-Werden«, in D. Cooper, *The Grammar of Living* (dt. übs.: *Von der Notwendigkeit der Freiheit*, Verlag Roter Stern, Frankfurt a. M. 1977.)
Das »Unbewußte« ist ein Bewußtsein vor jenem reflexiven Akt des Bewußtseins, der das Bewußtsein sich selbst bewußt macht: das heißt, das Unbewußte ist prä-reflexives Bewußtsein, im Gegensatz zum Bewußtsein des Bewußtseins, das

der Grund des Wissens ist. Dieses prä-reflexive Bewußtsein ist nicht nur beim menschlichen Embryo, sondern auch bei allen nicht-menschlichen – bei tierischen und pflanzlichen – Formen des Lebens vorhanden. Und warum sollten wir nicht auch dem Anorganischen – Erde und Stahl, Berge und Himmel – dieses präreflexive Bewußtsein zugestehen? Der einzige Grund, warum wir es nicht tun, ist die etymologische Verbindung zwischen Bewußtsein und Wissen (lat. cumscire, ganz oder gemeinsam wissen). Das angelsächsische Wort »awareness«, Gewahr-Werden, mit seinem Anklang an »Wahrheit«, ist etwas besser. Aber wenn wir eine Sprachform finden wollen, die ein Kontinuum zwischen dem menschlichen, dem nicht-menschlichen Leben und dem Anorganischen herstellt, dann sollten wir lieber von *sensitiven Systemen* sprechen, deren begriffliche Einheiten wir als molekular, atomar und sub-atomar (MAS) bezeichnen wollen. *Aber es gibt eine vor-begriffliche phänomenologische Realität der sensitiven Systeme*, und ich behaupte, daß diese Realität, nämlich das prä-reflexive Bewußtsein, sich weit – sehr weit – über das Menschliche hinaus erstreckt.

Unbelebte Objekte, die ins Feld des menschlichen Bewußtseins eingehen – vor allem vom Menschen gemachte und von ihm gebrauchte Objekte können insofern als »bewußt« aufgefaßt werden, als es eine Beziehung, und im Sinn der begrifflichen Einheiten sogar eine möglicherweise nachweisbare Beziehung zwischen den sensitiven Systemen des Objekts und dem Macher oder Gebraucher gibt. Ist denn ein Unterschied zwischen einem Stück Holz, das Teil eines Baumes ist, und dem gleichen Stück Holz, das ein Mensch aus dem Baum herausschneidet und z. B. zu einer Schüssel verarbeitet (abgesehen natürlich von jenen offenkundigen Unterschieden, die durch die funktionale Gestaltung des Holzes bewirkt sind)? Um diese Spekulation am Beispiel der naturwissenschaftlichen Begriffsbildung noch etwas weiter zu führen, könnte man die Möglichkeit winziger Veränderungen in den Umlaufbahnen der Elektronen und aller subatomaren Partikel im Atom der Holzmoleküle vor und nach der Transformation des Holzes in einen Gebrauchsgegenstand untersuchen. Wenn das natürliche Holz zum hölzernen Objekt wird – wäre es dann allzu absurd, wenn wir annehmen, daß eine gewisse Übereinstimmung zwischen dem unbelebten, bearbeiteten Holz und seinem menschlichen Benützer auf der begrifflichen Ebene sensitiver Systeme stattfindet, wie gering diese Veränderungen auch sein mögen? Oder denken wir an die Zustandsveränderung in einem Stück Eisen: einmal, bevor es gefördert ist, und dann, wenn das »gleiche« Stück Eisen zu einem Werkzeug verarbeitet ist.

Es gibt zahlreiche psychiatrische Berichte über abnormale menschliche Bewegungen und Zustände erstarrter Bewegungslosigkeit (wie »Katatonie«), die manchmal in wahnhafter Form Ausdruck finden, wenn jemand behauptet, eine bestimmte Pflanze oder z. B. ein elektronisches Sende- oder Empfangsgerät zu sein. Oder sehen wir mal ab von der Sprache der Verrücktheit und lauschen auf die Metaphern des normalen Diskurs: »Du hast ein Herz aus Stein«, »er hat einen gläsernen Gesichtsausdruck«, oder »er hat einen eisernen Griff«. In all diesen Rede-, Erlebens- und Verhaltensformen, besonders aber in den verrückten, erkundet der Mensch das nicht-menschliche Leben, das Unbelebte und das Unorganische. Wenn wir mal unsere anthropozentrische Haltung aufgeben, um die Möglichkeit eines Kontinuums sensitiver Systeme zu bedenken, das all diese menschlichen und außermenschlichen Bereiche durchzieht, dann wird unser Denken vielleicht eine Annäherung zwischen Wahn und Wahrheit, zwischen metaphorischem und buchstäblichem Ausdruck feststellen.

Für das poetische Bewußtsein ist gerade das Kontinuum sensitiver Systeme das Primärmaterial, das bearbeitet werden muß. Obwohl die Tendenz vorherrscht, die nicht-menschliche Natur in vermenschlichten Bildern zu betrachten, wäre dies unmöglich ohne eine vorherige Modifikation der menschlichen sensitiven Systeme, und zwar in der Weise, daß sie sich auf die nicht-menschlichen Systeme einstellen und auf die Sprache der Tiere, Pflanzen *und* Mineralien lauschen. Wie Saint John Perse sagt:

A présent laissez-moi, je vais seul
Je sortirai, car j'ai à faire: un insecte m'attend pour traiter. Je me fais joie
du gros oeil à facettes: anguleux, imprévu, comme le fruit du cyprès.

Ou bien j'ai alliance avec les pierres veinées-bleus et vous me laissez également,

assis, dans l'amitié de mes genoux.[3]

Der kreative *poetische* Akt – und hier meine ich den poetischen Akt des Poeten – ist das Begreifen des reflexiven Gewahrwerdens eines präreflexiven Bewußtseins im System der sensitiven Systeme: Mensch – Insekt – Baum – Stein. Dies ist die Realität des poetischen Diskurses, aus der sich erst die mit der sekundären Aktivität des Schreibens von Worten auf Papier verbundenen Probleme ergeben. Der verrückte Diskurs versäumt diese »Leistung« meist, wenn auch nicht immer. Aber die Verrücktheit hat Teil an der Poësis – im allgemeinen Sinn von Machen, Schaffen –, die auf dem reflexiven Begreifen eines primären Gewahrseins beruht, das weit über das Menschliche hinausgeht.

Ebenso verhält es sich mit dem poetischen Diskurs in allen anderen Formen der Kunst. Etwa bei der Skulptur »Erbrochener Tresor« von Michel Gérard. Diese zeigt einen Menschen, der in seiner Geschichte, Familie, Herkunft gefangen ist – gefangen mitsamt und durch sein Geld, seine Taten, seine Konten und Aktien, seinen Besitz und sein Testament; er versucht von innen auszubrechen, und gleichzeitig wird sein Gefängnis von außen geknackt und erbrochen, und zwar durch eine andere Geschichte: die massiv präsente Geschichte aller Völker. Befreiung kommt so von innen wie von außen. Die Dynamik des Kunstwerks resultiert aus der Übereinstimmung zwischen den aktiven und passiven, in beiden Richtungen verlaufenden Transformationen der sensitiven Systeme (der begrifflichen MAS-Einheiten) im Körper des Künstlers und im Körper des Materials (Chrom). Es ist ein wortloser Dialog, aber wie der Künstler mit wenigen Worten sagte: ›Wäre es nur ein wenig größer oder ein wenig kleiner gewesen, dann wäre es nicht gegangen‹; wäre die Skulptur nicht in körperlicher Lebensgröße ausgeführt, dann wäre die Sensitivität der Systeme zerstört.

In jeder Kunstform arbeitet der Künstler aufgrund einer Übereinstimmung der sensitiven Körpersysteme mit den sensitiven Systemen der nicht-menschlichen Natur – oder gewisser Teile davon. Der Künstler arbeitet, ausgehend von totaler Verzweiflung, angesichts der repressiven, entfremdenden Kräfte in der Welt, aber er verliert nie eine gewisse Vision, die wenigstens auf lange Sicht Freude verheißt. Das Kunstwerk ist *per definitionem* revolutionär, insofern es in seiner Dialektik die normalen entfremdenden Wahrnehmungssysteme zerstört. Aktivitäten, die auf eine versöhnende Normalisierung für den Kunstmarkt zielen, zerstören die Übereinstimmung der sensitiven Systeme und begründen einen kommerziellen Techno-Faschismus. Alle diese Merkmale gibt es wohl auch bei der Verrücktheit, aber wir brauchen nicht auf Erklärungen im Sinn einer pathologischen genetischen Prädisposition zurückzugreifen, um die Viktimisierung der Verrücktheit und die Ausschaltung ihres kreativen Moments zu erklären; es gibt eine Unzahl wissenschaftlich denkbarer Faktoren: hypernormalisierende Familienzwänge, massive willkürliche Überwachung und Kontrolle, spezifische Bildungs- und Erziehungseinflüsse usw., welche die Tatsache erklären, daß der Künstler die Welt potent beeinflussen kann, während die Potenz des Verrückten zerstört wird – obwohl beide die Welt des Normalen gleichermaßen erschrecken.[4]

Wenn all dies – vor allem der obige Entwurf einer allgemeinen Ästhetik – ein wenig nach einer weiteren Monadologie aussieht, so ist dies doch wenigstens eine materialistische Monadologie, und die Monaden sind – anders als bei Leibniz, für den Gott Anfang und Ende bestimmte – alles andre als fensterlos; sie sind völlig transparent. Die Negation der Negation bedeutet vielleicht die Schaffung einer Anti-Ästhetik.

Manche dialektischen Philosophen wie Kojève kritisierten Engels' *Dialektik der Natur* als im Prinzip undenkbar. Da wird behauptet, daß Dialektik erst möglich sei, wenn der Mensch die Bühne der Natur betritt; daß die Naturwissenschaften nicht dialektisch sein könnten (Engels behauptete, daß quantitative Veränderungen, z. B. in Chemie, Elektrizität, Magnetismus, qualitative Veränderungen bewirken); daß nur die Entwicklungsgeschichte der Naturwissenschaft, niemals aber der Inhalt dieser Wissenschaft dialektisch sein könne, weil dieser Inhalt aus vom Menschen geschaffenen Abstraktionen bestehe, nicht aus dem Schaffen dieser Abstraktionen. Wenn wir aber das Kontinuum der sensitiven

Systeme (quer durch die menschliche und außermenschliche Natur) *phänomenologisch* begreifen, und zwar sowohl empirisch als auch im Sinn begrifflicher MAS-Einheiten, können wir vielleicht anfangen, die Dialektik *in* der Natur, statt jene *der* Natur zu verstehen.

Ivan Illichs Gärtner

In Guernavaca erzählte Ivan Illich kürzlich die Geschichte eines mexikanischen Gärtners, der beim CIDOC (Centro Intercultural de Documentacion) arbeitet. Dieser Gärtner hatte eine besondere Beziehung zu jedem der Bäume, die er hegte. Für ihn wohnte in jedem Baum ein Drachengeist, und der Gärtner verbrachte viele Stunden im Gespräch mit diesen Geistern. Er erforschte die Lebensgeschichte dieser Bäume und lernte, daß zwar die meisten Geister gutartig waren, daß es aber auch böse gab, die getötet werden sollten. Als er Ivan Illich wegen der bösen Bäume befragte, antwortete dieser einfach: »Töte sie!«

Wir würden es uns zu leicht machen, wenn wir hier Aberglauben oder Mythologie im abträglichen Sinn am Werk sähen – wo doch »Mythos« eine Vielzahl etymologischer Bedeutungen hat: von »leiser Klang« (grch. μὀ – leiser Klang, was vielleicht auf den Ursprung des Mythos im unmittelbaren Naturverständnis, vor der verbalen Elaboration der Fabel, hinweist), bis hin zur Fabel, zur erzählten Geschichte, die von »objektiver Wahrheit« oder zumindest Verifizierbarkeit weit entfernt ist. Da dürfte es den meisten von uns schon schwerer fallen, zu einem fragenden Verständnis zu finden, das die Übereinstimmung der sensitiven Systeme bei diesem Gärtner und bei diesen Bäumen erkennt, die er als »seine eigenen«, eben als seine Bäume betrachten will. Eine solche Auffassung steht völlig im Einklang mit der dortigen Kultur, und sie führt allen Kulturschwindel ad absurdum – von dem Mexiko, von Hunger geplagt wie die ganze Dritte Welt, mehr als genug hat.

Es gibt eine wechselseitige Sensibilisierung der sensitiven Systeme, die, weit entfernt davon, die außermenschlichen Systeme zu vermenschlichen, das anthropozentrische System ent-menschlicht. Es gibt vielzuviel Menschlichkeit, vielzuviel (menschliche) Selbstbezogenheit: ein Übermaß an Anthropozentrismus! Das Dumme an der Menschlichkeit ist, daß sie allzu menschlich ist.

Eine andere Geschichte, die Silvia Marcos (Psychologin in Guernavaca) mir erzählte, verdeutlicht dies vielleicht besser: da lebte in Mexiko eine Frau, die von Schmerzen im Bauch geplagt wurde. Sie glaubte, eine Nachbarin habe ihr einen Fluch angehängt, um zuerst von ihren Gedärmen und dann, in allmählicher Metastase, von ihrem ganzen Körper Besitz zu ergreifen. Sie suchte eine »curandera« (eine traditionelle Heilerin) auf, die ihr sagte, daß Heilung nur möglich sei, wenn sie die Macht, diese böse Macht akzeptierte, um der Nachbarin ähnliches zuzufügen. Die Frau aber lehnte solche Macht ab und beschloß, ihre Krise mit Hilfe von Leuten aus ihrem Familien- und Freundeskreis zu bearbeiten. Sie bat diese Menschen, ihren Körper festzuhalten, während sie eine Agonie der Auflösung durchmachte, bei der alles mögliche aus ihrem Körper kam – z. B. ein langer Wurm hinter ihrem rechten Ohr –, bis sie den Punkt völliger Leere erreicht hatte. Das Entscheidende aber ist, daß sie diese Scheusale, die aus ihrem Körper kamen, spürte, sah und roch, und daß sie dies alles mit Leuten besprechen konnte, die »wußten«, was sie meinte.

In den Kulturen der Dritten Welt besteht für gewöhnlich eine stärkere Kontinuität zwischen den menschlichen und außermenschlichen sensitiven Systemen, und der Versuch, »das Unbewußte aufzudecken«, ist wenig sinnvoll, da die Menschen dort – aufgrund der ökonomischen Verhältnisse – mehr von jenem ursprünglichen Bewußtsein, wie es sich im »mythischen Bewußtsein« und in der Tradition verkörpert, wissen. Der weitere Familienkreis und die lokale Gemeinschaft erzeugen auch nicht jene furchtbare Repression, wie sie der bourgeoisen Kernfamilie eigen ist. Die Dritte Welt ist also nicht nur durch den ökonomischen Imperialismus, durch imperialistische Subversion und Krieg gefährdet, sondern auch durch einen kulturellen und pseudowissenschaftlichen Imperialismus, der im Interesse des Neokolonialismus und der multinationalen Unternehmen auf die Zerstörung traditioneller Lebensformen zielt. So erleben wir zur Zeit in Mexiko eine Propagandakampagne für die Kernfamilie, die ihre Kinder wie Gefangene hält, und gegen die traditionelle Gemeinschaft mit ihrem offenen Spielraum in erweiterten Familien; gleichzeitig bemüht man sich, kapitalistische Psychotechnologie einzuführen. Beide Kampagnen verfolgen das Ziel, die Bevölkerung besser zu überwachen und zu kontrollieren.

Die Frage ist, wie man von ökonomischer Unterentwicklung zu einem autonomen Sozialismus gelangen und gleichzeitig die traditionellen menschlichen Ressourcen eines Volkes in der Dialektik der Befreiung erhalten kann. Vergleiche etwa die Situation in Tansania, das nach sozialistischen Prinzipien die traditionelle Heilkunst erhalten will, mit jener anderer afrikanischer Länder, wo die kapitalistische Psychiatrie eingeführt wurde und wo sie denn auch sämtliche kapitalistischen Formen der »Geisteskrankheit« erfunden hat.

Ivan Illichs Gärtner wußte alles über die Drachengeister, die in den Bäumen wohnen. Aber es gibt noch andere böse Drachen, die ihn von jener Krankheit heilen könnten, die darin besteht, die eigenen Seelendrachen nicht aufzuspüren und zu töten: die Seelendrachen des Imperialismus und seiner unendlich fruchtbaren Tochter, des Neokolonialismus, die ihre gestohlene Mitgift durch die Hintertür einschleppen will – und sie wurde uns allen gestohlen; vor allem uns, den Dieben.

Die Grenzen des Todes

Das Freud'sche Modell der Psyche ist eine Mischung aus einem naturwissenschaftlichen Modell und einem anthropozentrischen Konzept. Da gibt es ein Bewußtsein (reflexives Bewußtsein) als Spitze eines Eisbergs, dessen untergetauchter Teil das Unbewußte ist (prä-reflexives, primäres oder ursprüngliches Bewußtsein). In Wirklichkeit ist dieses schmale Unbewußte ein Bewußtsein, das die Spitze der Spitze eines unvorstellbar größeren Eisbergs von Bewußtsein ist, das auch vor- und außermenschliches Bewußtsein und – wenn wir den Tod bedenken – auch nachmenschliches Bewußtsein einschließt.

Beim Sterben machen wir molekulare Zustandsveränderungen durch, und die Partikel unseres Körpers zerstreuen sich aufs Universum. Den MAS-Systemen ist all unsere persönliche und vor-persönliche Erfahrung eingeprägt – ja sogar die Geschichte des Universums ist in der Winzigkeit der Bewegung winzigster subatomarer Partikel in der Topografie ihrer Wandlungen und ihrer momentanen, 10-20 Sekunden währenden »Erscheinungen« in der Uhrzeit enthalten. Letztere sind die begrifflichen Korrelate der sensiblen Systeme des ursprünglichen Bewußtseins. Im Tod jedenfalls verbleibt all diese Erfahrung als universelle Erfahrung im Universum; sie ist nicht mehr »unsre« Erfahrung. Warum aber halten wir es für so wichtig, daß sie »unsere« Erfahrung sei? Was wir beim Sterben »verlieren«, ist dennoch nicht für das Universum verloren. Für den dialektischen Wissenschaftler – falls es ihn gäbe – wäre alle Materie lebendige Materie. Der Unterschied zwischen organischer und anorganischer Chemie ist nützlich, solange es darum geht, unsere Umwelt zu manipulieren; aber die Dialektik besteht nicht in quantitativen Veränderungen der anorganischen Materie, die zu qualitativen Veränderungen führen, welche wiederum lebendige organische Materie erzeugen (wenngleich es in der Geschichte der Chemie und der menschlichen Nutzung dieser Wissenschaft zur Veränderung der Natur eine dialektische Entwicklung gibt). Die Dialektik ist *in* der Natur, und sie besteht in der Phänomenologie des ursprünglichen Bewußtseins, das alle Natur ist. Oder anders gesagt, die Dialektik *in* der Natur ist Phänomenologie (ohne Phänomenologen) der Natur; dies ist eine materialistische Konzeption vom verkörperten ursprünglichen Bewußtsein, die ebenso wenig auf körperlose psychologische Systeme wie auf die begrifflichen Korrelate der MAS-Systeme reduziert werden kann. Dies ist der dimensionslose Punkt, an dem wissenschaftliches Wissen und politische Sensibilität sich treffen.

Das Schlimmste am Sterben ist vielleicht die Vorstellung, daß wir all den Reichtum unserer akkumulierten persönlichen Erfahrung verlieren; und es ist nur ein schwacher Trost, zu wissen, daß alle seiende »Erfahrung« im Universum enthalten bleibt, selbst wenn sie nicht in uns erhalten bleibt. Und vielleicht ist dies der Grund, warum so viel gesellschaftliche Aktivität darauf zielt, gerade diesen Erfahrungsreichtum zu stereotypisieren und schließlich abzutöten – weil wir die Vorstellung nicht ertragen, ihn »am Ende« zu verlieren.

Aber unser Entsetzen hat mit der Erfindung des Privateigentums ebenso viel zu tun wie die illusorische Perpetuierung des Reichtums an persönlicher Erfahrung, die wir auf den »Reichtum« an – in der Familie vererbbarem – Besitz reduzieren. Klammern wir mal für den Augenblick den historischen Ursprung des Privateigentums in der Arbeitsteilung und die Verdrängung des Gebrauchswerts durch den Tauschwert aus und betrachten wir den Menschen als das erste Tier, das ein reflexives Bewußtsein seines Todes und folglich einen *Begriff* seines Todes entwickelt hat. Andere Tiere erreichen die Todeserfahrung im letzten Moment des tödlichen Kampfes um Nahrung oder Territorium. Der Mensch versucht seine Person im Geist und Denken seiner Nachfahren und im Eigentum zu perpetuieren, das er ihnen – boshaft mit seinem Bild verbunden – vererbt.[5]

Das Privateigentum kauft uns eine scheinhafte Unsterblichkeit und enteignet uns damit unseres Todes. Die neu erfundene Disziplin der Thanatologie will uns zu furchtloser Klarheit hinsichtlich unseres persönlichen Todes und zur Möglichkeit richtiger Trauer führen. Was wir jedoch brauchen, ist die politische Demystifikation des Privateigentums als Maskierung des Todes – nicht die Techniken der Thanatokraten! Auch nicht die Techniken der Totengräber, die – zumindest in manchen US-Staaten – einschreiten und verhindern können, daß du in gesetzlich vorgeschriebenen Särgen aus vorgeschriebenem Material beerdigt wirst, falls im letzten Moment entdeckt wird, daß du nicht auf die richtige (dank der Totengräber-Lobby vorgeschriebene) Art und Weise einbalsamiert bist.

Eine thanatozentrische Religion wie das Christentum verlor rasch ihren ursprünglich gemeinschaftsbezogenen Impuls zugunsten Eigentum, Familien»bindungen« und Auferstehung, und es wurde unterm Feudalismus wie im Kapitalismus zur Verteidigung des Eigentums eingesetzt – bis hin zu den Tresoren der allgegenwärtigen Bank des Heiligen Geistes. In der schamanistischen Religion des primitiven Kommunismus stellte der Schamane zu Lebzeiten seinen Tod dar: damit die Stammesgruppe ihn partizipierend miterleben konnte. Ebenso muß der persönliche Tod im kollektiven Bewußtsein einer nachkapitalistischen Gesellschaft als sozialer Wert und als radikales Bedürfnis wieder angeeignet werden.

Selbstmord und »Gegenmittel«

Kürzlich traf ich einen Menschen, der mich fragte, wie er es machen solle, sich nicht umzubringen. Die Absurdität (ich meine das gar nicht abwertend) dieser Frage war offenkundig, denn es gibt keine Antwort – außer der Erinnerung an den besonderen Duft einer frisch geschälten Orange. Darüber hinaus aber gibt es eine Antwort, die überhaupt keine Antwort ist. Falls es dir gelingt, die Frage deiner Freiheit so radikal zu stellen, daß du vor der freien Entscheidung stehst, dich zu töten oder nicht, dann steht es dir nicht mehr frei, dich zu töten, denn du hast damit die Grenze menschlicher Freiheit erreicht. Dostojewskis Kirilow war eine Romanfigur. Wäre er's besser geblieben! Denn während wir die Möglichkeit erkennen, unser Leben in Freiheit zu leben oder es frei zu beenden, erinnern wir uns an absurde Dinge wie das Knospen eines Rhizoms, das paradoxerweise unter der Erde wächst, und wenn wir uns – in der Extremsituation der Gefangenschaft – auch nur an dies eine erinnern, können wir uns nicht mehr töten. Denn diese Unmöglichkeit ist auch unsere Freiheit, und dann können wir endlich *selbst* leben. Da du keinen anderen befreien kannst, weil Freiheit gerade in dem Akt besteht, sich selbst Freiheit zu nehmen, können wir vernünftigerweise nicht von unsrer Pflicht und Aufgabe sprechen, andere vor etwas zu bewahren. Es gibt nur die Pflicht und Aufgabe, die wir gegenüber uns selbst haben. Alles andere sind die Fallstricke von Schuld und Schuldbarmachung. Wenn wir uns nicht mal das Minimum an Freiheit nehmen können, daß es uns gelingt, Schuld zu demystifizieren, dann werden wir nichts anderes tun, als andere in unserem Freiheitswahn zu versklaven.
Gegenmittel gegen den Selbstmord: niemand kann dir den Selbstmord vorschreiben, aber wir alle haben Gegenmittel.

Die meisten Menschen, die sich definitiv umbringen (ohne insgeheim einen Unfall oder Halb-Unfall zu beabsichtigen), tun dies, weil sie darauf konditioniert sind, sich selbst als »saugender Mund« zu erleben (und andere dahin zu bringen, sie in verzweifeltem Mitleid oder wütender Ablehnung so zu erfahren), der mehr verschlingen und aufsaugen will, als die Welt bieten kann: die anderen Menschen genügen ihnen nicht. Nun, wir müssen natürlich das Recht eines jeden achten, sich umzubringen (gerade hier begegnen wir der übelsten gewalttätigen Mißachtung seitens der Psychiatrie). Die Ironie liegt aber darin, daß wir in jedem Augenblick die totale Freiheit haben, diese Konditionierung hinter uns zu lassen – getragen durch nicht mehr und nicht weniger als das Gefühl ihrer totalen Absurdität.
Fehlt uns dieses Gefühl der Absurdität, dann erscheinen unsere persönlichen Probleme uns übertrieben groß. Drehen wir aber das imaginäre Fernrohr um, dann verschwinden diese Probleme in ein ultramikroskopische Universum, wo sie auch hingehören: Nirgends.
Unsere persönlichen Probleme sind nicht »unsere« Probleme; unsere politische Existenz ist auch ohne sie problematisch genug. Sie resultieren aus einem Anderssein und aus der schieren Tatsache des Daseins; wir sind die Kraft, die sie zurückschicken können, woher sie kamen.
Von anderen.
Von woanders.
Mit die schlimmste soziale Gewalt und Repression resultiert aus dem Versuch, andere Menschen daran zu hindern, sich zu töten. Unser Recht zu leben ist – kategorisch gesagt – unser Recht zu sterben; aber dies gilt auch umgekehrt. Eine andere Form der Gewalt resultiert aus dem illusorischen Bedürfnis anderer nach dem Selbstmord *anderer* anderer. Indem wir den Selbstmörder begraben, begraben wir unsre Verzweiflung – so glauben wir.
Ein weiteres Gegenmittel gegen Selbstmord ist mithin ein ausreichendes Maß an Verzweiflung. Wollen wir also das bißchen Verzweiflung, das wir noch haben, behalten. Warum auch nicht? Mit dem gehörigen Doppelsinn gesagt: das einzig wesentliche am Selbstmord ist sein Nicht-Dasein.
Machen wir also weiter ... Es gibt nichts Unnatürlicheres

als den Tod durch »natürliche Ursache«. Dies ist eine Fiktion des bürgerlichen Rechts, das nur im unsinnigen Kontext von Staatsanwaltschaften und Versicherungskonzernen Sinn macht. Jeder Tod ist Selbstmord oder Mord, oder in der Regel beides – in jedem Fall. Schuld und Schuldbarmachen – das ist der Luxus der Herrschaft: für eine Macht, die niemand braucht.
Machen wir also weiter ... mit der Macht, die weiterbesteht. Falls du schon mal an eine Überdosis gedacht hast und jetzt anfängst, dir diese Dinge nochmal zu überlegen, dann wirst du nicht mehr Zeit haben, sie zu nehmen. In diesem Fall – tut mir leid!

Nur die Verfolger sind paranoid!

Freuds berühmter Schreber wurde wirklich verfolgt: nicht als paranoid gewordener Richter, sondern als Mensch, der versuchte, aus der Paranoia des bourgeoisen Rechtssystems und eines Vaters auszubrechen, der das gleiche System verkörperte.
Polizisten und Seelenpolizisten der Welt, vereinigt euch! Vereinigt euch mit den Verfolgern, und ihr werdet nicht länger verfolgt. Verfolgt noch ein bißchen mehr, und ihr werdet so viel weniger verfolgt.
Die mögliche Genesis einer Geburt wird zur Fortzeugung des Wahns aus halbgesagten Worten: »wird von mir geredet?« Die Laute von Menschen, die nebenan sich lieben (das verfolgendste Geräusch überhaupt): »betreffen sie mich? und mein Nicht-Liebemachen?« Und wird irgendein Trottel die biochemischen Korrelate[6] finden, die womöglich die Ursache dieser Krankheit sind? Der einzigen, die ich haben sollte? Tatsächlich werden so viele Dollar-Millionen für Forschung und chemische Techniken zur Kontrolle unsrer Erfahrung aufgewandt, daß die Profitraten in der kapitalistischen Welt sich aller gesellschaftlichen Kontrolle entziehen. Für eine wirkliche Forschung, die das System politisch bedrohen würde und die daher politisch unterdrückt werden muß, gibt es keinen einzigen Dollar. Denn Information über einfache Tatsachen ist revolutionär. Die Wahrheit

sagen, bedroht das System. Schon ein bißchen Wahrheit bringt es ins Wanken, selbst wenn sie nie gesagt wird. Warum aber sollen wir unsre letzten Jahre an die faschistische Reaktion verschwenden, wo wir doch wissen, daß sie nie Erfolg haben wird? Die Welt hängt gekreuzigt an den bammelnden Schwänzen derer, die sich wenigstens noch eine Generation Unsterblichkeit ersehnen. Wie lange sollen wir das noch hinnehmen – auf Kosten so vieler lebendiger Leben? In Südafrika wie überall werden Menschen auf dem Altar des falschen Trugs geopfert, daß die Unterdrückung langlebig wie Methusalem sei.

Wenn ich mich so durchs Leben schlage, wie ich's tun muß, weil ich nicht mehr in der Psychiatrie oder jeglicher andren Form der Therapie arbeiten will, begegne ich dauernd Verrückten: Menschen, die an die Wahrheit glauben, daß sie der Mittelpunkt des Universums sind und daß alle Dinge, die passieren, eine besondre Beziehung zu ihnen haben. Das ist wohl wahr. Aber wenn du hartnäckig die Wahrheit sagst – wie lange wirst du damit durchkommen? Ich sage solchen Leuten einfach: die Wahrheit ist so kostbar und so gefährdet, daß du vorsichtig überlegen mußt, wem du sie sagst.

Der »paranoide Patient« versucht die Wahrheit zu sagen, und in dieser Wahrheit finden wir stets einen politischen Kern.

Wenn wir eine wirklich faschistische Paranoia sehen wollen (wo Leute buchstäblich »außer sich« sind), brauchen wir z. B. nur die defensive institutionelle Struktur des bourgeoisen, intellektuell-wissenschaftlich-kulturellen Establishment mit seiner impotenten Macht zu betrachten – eine Struktur, die der politischen Wahrheit ausweicht: im Interesse der permanenten Mystifikation.

Falls uns die Hartnäckigkeit, mit der diese Wahrheit gesagt wird, langweilen sollte, so ist sie zumindest nicht langweiliger als die Hartnäckigkeit, mit der die Massenmedien ihre Lügen erzählen.

Bedenke einmal die Ironie einer Situation, in welcher der »paranoide Patient« versucht, einem Psychoanalytiker seine Wahrheit zu sagen, der seinerseits versucht, seine Lüge zu verkaufen. Da haben wir eine Nichtbegegnung zwischen dem unaufhörlichen Trachten nach Wahrheit in der Pseudogewißheit, und dem endlos systematisierten und institutionalisierten Kommentar eines Pseudowissens: mitunter jahrein jahraus, wie im Fall einer Behandlung wegen Homosexualität, gegen welche die Paranoia angeblich eine Abwehr sein sollte... Aber warum probierst du es nicht mal mit der passiven Homosexualität, um zu sehen, ob sie dir gefällt oder nicht? Falls dies in Freuds Wien nicht möglich war, so ist's dies heute.

Fortschritt

Fortschritt ist jenes menschliche Ereignis, das geschieht, wenn wir weit genug zurück gehen.
Wenn wir nur genügend viele Jahrtausende bis zum eigentumslosen Menschen zurückgehen, und dann genügend viele Äonen bis zu unsrer anorganischen, krustazeischen Vergangenheit und zu dem, was ihr – falls überhaupt – vorausging: ein früherer Kosmos, der mit der äonischen Zerstörung der wissenschaftlichen Zeit zum zukünftigen Kosmos oder vielleicht auch zum Nichts werden könnte. Falls du hier einen Pessimismus herauslesen willst, schreib deinen eignen Grabspruch – wir weigern uns, den unsern zu schreiben. Unser Grabspruch ist der Trotz.
Die Route dieses Rückwegs führt über die Lücken in unserer nahezu erstarrten Gesellschaft, und die letzte Wegstation ist die Grenze unserer persönlichen Innerheit, bevor wir die Null-Selbst-Barriere passieren.
Das Ziel des Zurückgehens ist nicht ein Rückzug, ein Zurückbleiben hinter der Gegenwart, denn beim Zurückgehen, in diesem Sinn, läßt man die Gegenwart nicht hinter sich. Und wer will überhaupt zurückgelassen werden? Die Wahrheit ist nie Gegenstand des Wollens – wir können nur die Mittel wollen, sie zu erreichen, und dies heißt unglücklicherweise: andere Menschen.
Es ist vielmehr ein Rückzug von der Erinnerung, jedoch von der Erinnerung in ganz besondrem Sinn: im Sinne einer gründlichen Veränderung des Geistes.[7] Erinnerung, im üblichen Sinn von Gedächtnis, verläßt sich darauf, daß die Operatoren unserer Körpermaschinen gewisse Bilder und

Wörter wachrufen, die diesen Körper-als-Maschinen eingeprägt sind, ähnlich wie klares Bewußtsein sich in ein neurophysiologisches Substrat im Sinn einer der Uhrzeit gehorchenden Analogie verwandelt. Solche Konzepte von Erinnerung sind passiv und von mechanischen Systemen abhängig – und dies heißt: von nützlichen Systemen funktionierender Illusion, die für den Augenblick parat sind.

Die beim Zurückgehen beteiligte Erinnerung aber ist alles andre als solche Erinnerung; vielmehr ist sie äonische Erinnerung.

Wenn wir Erinnerung als gründliche Veränderung des Geistes bezeichnen, dann sprechen wir von einer geeinten Bewegung, die über die Gegenwart hinausgeht und im gleichen historischen Atemzug die Masse des Vergangenen statt der von der Uhrzeit diktierten historischen Vergangenheit) wieder aneignet und sie in »Zukünftiges« (nicht historische »Zukunft«) vorantreibt.

Unsere historische Gegenwart ist fixiert, eingefroren, unbeweglich.

Dies ist keine Vermutung, sondern eine Erfahrungstatsache.

Die Bewegungen, Geräusche und wechselnden visuellen Bilder, die uns in der Gegenwart umgeben, zeigen eine falsche Dauer. Sie sind wie die Blasen fauliger Gase an der Oberfläche eines stagnierenden Gewässers, die Leben vortäuschen, das stets anderswo ist.

Nicht die Vergangenheit ist tot.

Die Gegenwart ist tot.

Niemand ist mehr verantwortlich für die Taten eines anderen. Verantwortung heißt, etwas beantworten müssen, das man zu beantworten versprochen hat. Solch ein Versprechen kann kein Kompromiß sein. Oder, kurz gesagt, es kann niemals einem anderen gegeben werden.

Wir sind in dem Maß konditioniert, wie wir – als menschliche Objekte – unsre Bestimmung verweigern.

Wenn unsere Sonne in 5000 Millionen Jahren – beinah morgen schon – verlöschen und damit »uns« auslöschen wird, dann wird unsre Geschichte vielleicht beginnen. Nicht als Kolonisierung weiterer Teile dessen, was wir als das »äußere« Universum betrachten, sondern in der simplen Wiederaneignung dessen, was in uns ist. Nicht durch eine bio-

logische Molekulartechnologie, sondern durch eine empirische Wiederaneignung all dessen, was in unserm subatomaren Register verzeichnet ist.
Wenden wir unser Äußeres nach innen! Zumindest kann dies kaum langweiliger sein als das konventionelle Gegenteil.

Das Außen und das Innen der Ökologie

Die Probleme der »äußeren« Ökologie sollten klar genug sein. Aerosol-Sprays zerstören die lebenswichtige Ozonschicht um die Erde – eine Gefahr, die, wie offiziell erklärt wird, noch nicht klar genug absehbar ist, um offiziell beachtet zu werden; Sprays, die das bißchen natürlichen Geruch, den wir noch haben, deodorieren sollen; die dem bißchen Haar, das wir noch haben, Glanz geben sollen. Dies ist nur ein winziger Teil der gänzlich destruktiven Nutzlosigkeit jener Masse nutzloser Waren, die der Kapitalismus produziert. Und Dinge wie elektrische Büchsenöffner – wer braucht Büchsen, und gar elektrische Öffner? Übrigens schätzt man, daß die Menschen im Durchschnitt fast ein Jahr ihres Lebens beim Friseur und bei der morgendlichen Rasur vor traurigen Spiegeln verbringen – nicht meditierend, sondern sich sorgend über mögliche Zwecke ihrer doch meist zwecklosen, gänzlich unproduktiven, aber schweren Arbeit, über ihr Familienleben und über ihre wenigen verstohlenen sexuellen Begierden, über ihr schwaches Verlangen nach Anderssein und über ihre Einkommenssteuer.
Washington, 7. Februar 1977: Das Wirtschaftsministerium (Department of Commerce) hat verfügt, daß Privatfirmen (die Forschung in staatlichen und Universitätsinstituten auf diesem Gebiet ist bereits verboten) wie Dow Chemicals, General Electrics, Merck und Upjohn das Recht haben sollen, beschleunigt Patente auf dem Gebiet der molekularbiologischen (genetischen) Schaffung neuer Lebensformen zu beantragen. Formen von »Leben«, die weit bedrohlicher sind als die Produktion antibiotika-resistenter Mikroorganismen in einer sinnlos mechanistischen medizinischen Spirale der Produktion von Krankheiten und der entsprechen-

den »Anti-s«. Im Oktober 1976 sagte dagegen Sir Brian Flowers, der Direktor einer elitären siebzehnköpfigen »Royal Commission« über Fragen der Umweltzerstörung: »Das Konzept einer Energielücke geht von der Annahme aus, daß der Energiebedarf weiterhin exponentiell wachsen wird. Geht man aber von dieser Annahme aus, dann wird es immer eine Energielücke geben. Das Wachstum kann jedoch nicht exponentiell sein. Das kann es nicht sein. Unser Verständnis der technologischen Gesellschaft nähert sich der Einsicht, daß die Tage des exponentiellen Wachstums vorbei sind oder daß sie zumindest demnächst vorbei sein werden.« Flowers befürchtet eine »Plutoniumwirtschaft«, die alle möglichen »Terroristen« sich beliebig zunutze machen könnten. Die normalen Reaktoren, wie sie heute zur Stromerzeugung verwendet werden, verbrauchen Uran. Sie geben lokale Radioaktivität ab und erzeugen Abfälle, die wir nicht zu beseitigen wissen. Das verbrauchte Uran wird dann wieder zu radioaktivem Uran aufbereitet, das ein wesentlicher Bestandteil der Atombombe ist. Die sogenannten »schnellen Brüter« verbrennen ebenfalls Uran, aber sie verbrennen es zusammen mit Plutonium, und dabei wird ein Teil des Urans in einen zunehmenden Überschuß an Plutonium verwandelt.

All diese planetarischen Metaphern wie Pluto und Uranus durchzieht eine uralte Mythologie. In dieser Fortpflanzung der Reaktoren, die Brüter-Reaktoren ausbrüten usw., perpetuiert sich ein komischer Familialismus, der bis ins Subatomare hineinreicht. Physiker vom California Technikum vertraten schon früh die Ansicht, es gebe drei Arten solcher subatomarer Partikel, genannt Quarks (nach Finnegans Wake: »... three quarks for Muster Mark ...«); wobei »up-quarks« und »down-quarks« in mancher Hinsicht mit normalen und delinquenten Kindern der subatomaren Familie zu vergleichen sind. Daneben aber, so sagen die Physiker, gebe es gewisse »fremde« Quarks, die nicht dem normalen, theoretisch vorgezeichneten Zerfallsmuster folgen. Die »fremden« Quarks – die Verrückten – wären demnach Vorläufer der verzauberten Quarks (der verrückten Genies?). Professor Richter von der Stanford-University und Dr. Ting vom MIT (Massachusetts Institute of Technology), die mit

dem Nobelpreis dekorierten Entdecker der Psi- (sic!) und J-Partikel, entwickelten sodann die neue großartige Idee eines weiteren Bestandteils dieser Familie: sie ersannen das verzauberte Quark und das verzauberte Anti-Quark. Das Anti-Quark – ein »identischer Zwilling« des Quarks – bestünde demnach aus Antimaterie, und alle seine »Eigenschaften« wären das genaue Gegenteil jener der Materie –, so daß die negativen und positiven Eigenschaften einander aufheben würden. Allerdings wurde nie ein »nacktes« (außerfamiliales?) verzaubertes Partikel gefunden, dessen Zauber schließlich hätte sichtbar gemacht werden können. Professor G. Goldhaber vom Lawrence Berkeley Laboratory, an der California University, sagte: »Alles, was wir bisher untersuchten, hat Struktur, warum also nicht auch die Quarks? Wenn Sie mich fragen, ob ich sie für völlig unerforschbar halte oder ob einzelne freie Quarks bei hoher Energie isoliert werden können, müßte ich sagen: dies ist die Aufgabe des nächsten Jahrhunderts.«
Aber eine »Aufgabe des nächsten Jahrhunderts« liegt nicht mehr an; dies ist die Illusion, daß Wissenschaft und Philosophie sich ewig weiterentwickeln würden. Es bleibt uns aber weniger Zeit als bis zum Ende dieses Jahrtausends, um gewisse Entscheidungen – nicht zu treffen, sondern zu *tun*. Entscheidungen wie das Durchbrechen aller Grade des Familialismus auf allen Ebenen der Forschung und in allen Bereichen unseres Lebens. Hören wir doch auf, überall nur Strukturen zu suchen und zu erforschen; werden wir lieber selbst jene »fremden verzauberten Quarks« und dialektisch gesagt – nicht im Sinn des An- und Ausknipsens von elektrischem Strom: auch Anti-Quarks. Licht findend, wo die Dunkelheit zu hell und doch niemals hell genug leuchtet. Denn – das sind wir! Und dies ist unsere Gemeinsamkeit als menschliche Subjekte: daß wir Objekte der mindestens schon zwei Jahrhunderte währenden »Human«wissenschaften sind – Wissenschaften, die, wenn sie das Bewußtsein für die Realität von Repression und Unterdrückung verlieren, nichts andres mehr erforschen als die Möglichkeit, wie wir uns – und wie wir uns gehorsamst – für das System entmenschlichen; zum ewigen und anscheinend undefinierbaren Anderen.

Es ist eine Ironie, in der aber tiefe Widersprüche zum Ausdruck kommen, daß die besten, aufrichtigsten und persönlich konsequentesten Bemühungen gegen die Öko-Zerstörung derzeit in den USA erfolgen. Die Arbeit solcher jungen Leute, aus der wirkliche Opferbereitschaft spricht, gründet unseligerweise auf einer geopolitischen Realität, in der all unsere Schicksale verschmelzen, obwohl wir unterschiedliche Ziele haben. Falls diese Realität in Kalifornien noch nicht klar ist (außer bei den Chicanos, d. h. den mexikanischen Immigranten), so ist sie doch im größeren Teil dieser Welt, nämlich der Dritten Welt, klar genug.
Aber die ganze Ökologie-Problematik, bei der das Innerste bereits nach außen gerät, entwickelt sich weiter in diese Richtung. Unsere Körper, einschließlich unsres Gehirns, werden Bestandteil der Öko-Außenseite für die Zwecke objektivierender Wissenschaftler – Wissenschaftler, für die Wissen nichts andres bedeutet als folgsames Bewußtmachen dessen, was als »bereits daseiend« vorgeschrieben ist. Nun, unsre Gehirne liegen bereits auf dem vorgeschriebenen Seziertisch. Unser Innerstes ist wirklich draußen.
Washington, September 1976: die US-Government Commission »zum Schutz menschlicher Forschungssubjekte« empfiehlt, daß das Ministerium für Gesundheit, Wohlfahrt und Erziehung neue Forschungen auf dem Gebiet der Psychochirurgie »veranlasse und unterstütze«. Und daß die Psychochirurgie »hauptsächlich« in »Forschungszentren« vorgenommen werde und auf Patienten beschränkt bleibe, bei denen »nichts anderes mehr wirkt«. (Wirkt – für wen und für was?) Unter Wahrung entsprechender Sicherheitsvorkehrungen, wie etwa rechtlicher Anhörung, sollen psychochirurgische Eingriffe selbst unfreiwillig hospitalisierten psychiatrischen Patienten und Strafgefangenen nicht verweigert werden, da sie mitunter »die beste, wenn nicht einzige Möglichkeit ihrer Genesung« bietet (wessen Genesung wovon und für wen?).[8]
Eine der professionellen Fließband-Marionetten dieses Systems zur statistischen Vernichtung von Menschen, die ihren politischen Standpunkt zu vertreten suchen, sagte einmal: »Wir erhalten bessere Resultate in den unteren sozialen Schichten, und bessere Resultate bei Frauen als bei Männern;

bessere Resultate bei jüdischen Frauen als bei jüdischen Männern; und die besten Resultate bei schwarzen Frauen.« Diese »besten Resultate« sind häufig ein totales Dahinvegetieren; immer aber totale Unterwerfung. So gehorchen wir schließlich der verblödenden Normalitätsformel der Psychiatrie. Die von der Psychiatrie verübte Gewalt läßt sich nur aufgrund ihres fundamentalen Dogmas verstehen: wenn du nicht verstehst, was ein anderer tut, dann »diagnostiziere« ihn! Du wirst immer genügend willfährige Opfer finden, die dieses Spiel mitspielen. Jetzt aber wollen wir das Spiel zu Ende spielen.

Ein schwarzer Psychochirurg beklagte sich unlängst, daß zu wenige Angehörige »seines« Volkes es sich leisten könnten, ihr Hirn von ihm – und zu seinen Preisen – in Stücke schneiden zu lassen (das erklärte Ziel der »neuen Welle« der Psychochirurgie ist die Unterdrückung von Dissidenten, etwa potentiellen Führern schwarzer Gettorevolten – um die Aufsässigen in Familie, Gesellschaft, in der internationalen Familie »ruhigzustellen«. Sie zu töten – als wissenschaftliches Projekt ist das ganz respektabel).

Die Hirnmetzger haben ökonomische Probleme mit ihren Preisen: sie kriegen zu wenig Tausend-Dollar dafür, daß sie zwei oder drei Sekunden lang ein feines Skalpell in ein Hirn einführen, dessen Schädeldecke vorher von einem Assistenzchirurgen aufgemeißelt wurde (der für seine zehnminütige Arbeit ein paar Hundert-Dollar weniger kriegt, als er wert ist). Da ging es damals in den 40er Jahren ehrlicher zu, als du nur in einem Zahnarztstuhl Platz nehmen brauchtest, um dir knapp über dem Auge einen Meißel ins Hirn treiben zu lassen, der die thalamo-frontalen Faserverbindungen der Hirnsubstanz zerschnitt und damit dein Denken von deinem Fühlen trennte. Du zahltest dafür nicht viel mehr als beim Zahnarzt, und dann konntest du mit einem (falls du ein schwerer Fall warst, auch mit zwei) blauen Augen – und einer neuen Persönlichkeit nach Hause gehen. *Keiner* Persönlichkeit. Und alle waren froh über das Resultat, das alle Familienprobleme löste: tatsächlich *alle*, denn wie konntest du da noch welche haben?

Inzwischen gibt es auf dem Markt der Psychometzger preisgünstige Angebote für stereotaktisch geführte chirurgische

Eingriffe, die zwei bis drei Stunden dauern und exakt die falschen (im alten, archäopallischen limbischen System des Gehirns* lokalisierten) Teile deiner Persönlichkeit ausbrennen, die du nicht haben willst oder die vielmehr andere bei dir nicht haben wollen: Wie z. B. die blinde Wut, die du auf all den Scheißdreck hast, der dauernd pflichtgemäß auf dich ausgeleert wird. Denn wir wollen doch keine Revolution – oder?

Ich erinnere mich, wie ich einmal in England in einer Klinik arbeitete, wo in einem Flügel eine original Maxwell-Jones Therapiegemeinschaft für Psychopathen untergebracht war (sprich deine Probleme aus, statt sie auszuagieren – in einem psychoanalytisch-verständnisvollen Kontext), und im anderen die konventionelle Käfigsituation bestand, allerdings ohne Betonmauern. Einer der berühmten Käfigpsychiater meinte, bei jenen (anderen) Psychopathen und Delinquenten bestehe lediglich das Problem, eine Droge zu finden, die das Hirn altern läßt, damit die Leute schnell genug alt gemacht werden könnten – denn jenseits der Lebensmitte wären solche Leute zu müde, um noch viel Schwierigkeiten zu machen. Sein Wunsch ging seit 1955 rasch in Erfüllung: durch die Phenotiazine (Largactil und Megaphen etc.) und später durch Haloperidol, in normaler Dosierung.

Aber wenn ich diese beiden Systeme der Innen/Außen-Ökozerstörung nachträglich bedenke, weiß ich wirklich nicht, welches das schlimmere war: die halbverschämte Gruppenanalyse »innerpsychischer« Konflikte (wobei die Therapeuten dauernd im Zweifel sind, wie »offen« und undefensiv sie sich gegenüber ihren Therapeutenkollegen benehmen dürfen) – oder aber der schamlos auftretende »große Mann«, der einen armen, friedlichen kleinen Mann, der als »schizophren« oder »psychopathisch« eingestuft wurde (jedenfalls »Familienprobleme« hatte), nicht ein oder zweimal, sondern gleich *viermal* zur Behandlung schickte, bei der sein Gehirn zum angeblichen Wohl von »Wissenschaft und Humanität« zerstückelt wurde. Ich erinnere mich nur an ihn als einen armen freundlichen Mann, der eine Kappe trug, um seine unwillkürlichen Kopfbewegungen zu verbergen (sonst

* Frühform der Entwicklung des menschlichen Gehirns (Anm. des Verlages).

konnte er sich nicht mehr viel bewegen); »Guten Morgen, lieber Herr Doktor«, sagte er, wenn ich auf meiner täglichen Runde an ihm vorbeiging. Ich weiß nicht, ob es geschichtliche Wahrheit oder poetisch wahrere Legende ist, daß Egas Moniz, der portugiesische Faschist, der 1935 die Psychochirurgie erfand (die sogar im stalinistischen Rußland 1950 geächtet wurde), von einem seiner Opfer ermordet wurde. Vielleicht war das seine einzig erfolgreiche Lobotomie!
Nach solchen Erfahrungen und zahllosen anderen (und das ist eine andre Geschichte) in den 50er Jahren wurde mir klar, daß wir in den 60er Jahren eine Bewegung gegen jegliche Form des psychiatrischen Eingreifens bilden mußten, denn es ging keineswegs nur um die Frage gewisser, offenkundig gewaltsamer Behandlungsformen, sondern um das ganze Funktionieren solcher medizinischen Macht für den bourgeoisen Staat. Dies war der Anfang der Anti-Psychiatrie in den Institutionen, und dann folgten auch politische Aktionen draußen.
Die Probleme unsrer Seele und unsres Körpers – als Objekten der Medizin – liegen nicht irgendwo draußen in einer massiv durch Drogen und Repressionsakte zerstörten Umwelt. Diese Probleme werden geschaffen durch die Kontrollbedürfnisse des Kapitalismus, und ihre einzig mögliche Lösung – genau wie bei den »äußeren« ökologischen Problemen – kann nur eine politische sein, denn sie sind zwangsläufig Probleme für das Profit- und Kontrollsystem. Indem wir die Revolution *jetzt* machen, müssen wir uns voll bewußt werden, daß der Kampf gegen die repressive Kontrolle auch im Sozialismus mit aller Härte fortgeführt werden muß – in der Arbeit der permanenten Revolution.
Ganz abgesehen von der Geschichte der Widersprüche der Repression, unter der authentisch sozialistische Dissidenten leiden, gibt es eine Geschichte, die uns besonders stark beeindruckt hat: Ein russisches Ehepaar wurde von ihren (und immerhin auch unsren) Genossen ins Gefängnis gesteckt, weil sie sich für ein paar Monate von der Gesellschaft getrennt und im Wald in einer Höhle gelebt hatten.
Kommunismus *muß* auch bedeuten, daß wir unsere eigenen Höhlen haben dürfen!

Die zwanghafte Suche nach linguistischen Strukturen ist ganz zwecklos, weil wir wunderbarerweise in einem phänomenologischen Universum leben, wo der Logos dauernd aus den Phänomenen der Erfahrung rinnt.

Wir hören das Schweigen zwischen den Wörtern, lesen zwischen den Zeilen und lernen die Sprache unserer Träume zu desartikulieren (Anti-Interpretationen zu machen).

Während das Schweigen selbst real wird, verblassen die Wörter, und dies ist kein kaltes Universum, denn »nichts« »kann nicht« kalt sein, wenn es zwischen den warmen Händen solcher Möglichkeiten gehalten wird.

Grenzenlos sind in der kapitalistischen Gesellschaft die Bemühungen, Menschen und ihre Arbeit zu kontrollieren. Unlängst wurde – dank einer konzertierten Aktion der Gewerkschaftsbewegung – in Frankreich eine Körperschaft mit dem Namen SNECMA (*Société Constructive des Moteurs d'Avion*) gebildet. Von dieser spaltete sich ein Ableger namens CESAR (*Collecte Efficace et Sûre de l'Activité Réalisé*) ab, was von der Hauptgewerkschaft mit *»contrôle effarant et subtil de l'aliénation renforcé«* (= verstörende und subtile Kontrolle der verstärkten Entfremdung) übersetzt wurde. Wo »Big Brothers« wie IBM 3750 bei den *Assurances Générales de France* mitmachen, kann man hoffen, daß die Bosse schließlich jeden Schritt des Arbeiters: Ankunft im Betrieb, Arbeitsbeginn, aktiv oder »inaktiv« verbrachte Zeit usw. per Computer kontrollieren werden, aber zu diesem Zweck werden sie stets darauf angewiesen sein, daß die Arbeiter einander verraten – für die Bosse.

Der (hoffentlich) letzte Kampf des Kapitalismus geht nicht um die Wahlurnen der bourgeoisen Demokratie, auch nicht um jene sentimentalen Geschichtchen aus dem Familienleben des letzten oder nächsten Präsidenten – all die verkommenen und aufpolierten Fassaden und Fakten solcher Ereignisse. Wir leben die uns bleibende Freude in der Erkenntnis, daß wir, wenn wir unsre Macht selbst in die Hand nehmen, keinem andren etwas wegnehmen – sondern sie mit der Macht aller andren vereinigen.

Diese Macht soll eine Praxis ermöglichen, die einen Wunsch

zum Ausdruck bringt. Was ist denn schlecht an dem Wunsch, gegen alle Widrigkeiten intakt zu bleiben? In jedem repressiven System ist *alle Macht Perversion – aber Potenz ist immer revolutionär.*

Ent-Theologisierung der Gesellschaft

Reden wir für einen Moment mit der Stimme des Teufels, wie Paul Tillich sie darstellt – ein protestantischer Theologe, dem es schließlich gelang, Gott beinah unwirklich zu machen. Tillich sagt: »Es ist schwer, nicht mein eigener Jünger zu werden.« Da es keine Lehrer und keine Jünger gibt, ist es traurigerweise unmöglich, das noch Schwerere zu tun: der eigene Jünger zu sein.

Wir sollten zwar immer selbst praktizieren, was wir predigen, aber am Anfang können wir nur predigen, was wir praktizieren. Denn unsere Praxis gründet sich auf das Gefühl der Sicherheit, daß wir die relative Freiheit zu unkonditioniertem Handeln haben:[9] wobei die Sicherheit aus dem totalen Zweifel an jedem Aspekt unsres sozialen Daseins resultiert. Es ist irgendwie eine böse Versuchung, wenn wir sagen, daß das Böse nur Konditionierung sei und daß das quasi-platonische Gute die freie Negation der Konditionierung sei. Das wäre zu gut um wahr zu sein. Schluß mit der moralischen Sprache!

Hier stehen wir vor der Schwierigkeit des paradoxons: *entweder wir sind rücksichtslos, oder wir kreuzigen einander.* Gleichzeitig aber geht es um die Reinigung unserer Sprache von all diesen Formen des Theologisierens; selbst wenn wir von Reinigung sprechen, so ist dies Theologisierung. Selbst wenn wir bestimmte Behauptungen aufstellen, wie etwa die, daß ein Mensch durch die Übernahme einer gewissen Verantwortung definiert sei und daß wir nie andre spezifische Menschen, sondern nur Systeme verantwortlich machen können, stecken wir schon sofort in einem theologisierenden Diskurs. Hier können wir nur daran erinnern, was Nietzsche sagte, nämlich, daß wir uns von allem lösen müssen, was uns zwingt, immer wieder NEIN zu sagen.

Vielleicht müssen wir in Westeuropa erst noch herausfinden, was am bestehenden, nicht immer offensichtlichen Elend der Menschen als politische Realität bestehen bleiben wird, und inwieweit ein Zusammenhang besteht zwischen dem scheinbar vorab angelegten Paradox, oder der »Ursünde«, und den objektiven Widersprüchen im System.

Nehmen wir zum Beispiel,[10] was Sören Kierkegaard in *Krankheit zum Tode* sagte: nämlich daß das Selbst jenes Verhältnis sei, das sich zu seinem eignen Selbst verhält. Verzweiflung ist demnach ein Mißverhältnis, das im Selbst entspringt. Gut gesagt, wenn man gleichzeitig das »Selbst« abschafft.

Die Verzweiflung der Unendlichkeit ist bedingt durch den Mangel an Endlichkeit.

Die Verzweiflung der Endlichkeit ist bedingt durch den Mangel an Unendlichkeit.

Die Verzweiflung der Möglichkeit ist bedingt durch den Mangel an Notwendigkeit.

Die Verzweiflung der Notwendigkeit ist bedingt durch den Mangel an Möglichkeit.

So finden wir, daß uns eine kosmische Wunde aufgeprägt ist, die nicht zu einem kosmischen Uterus werden will. Ein Mißverhältnis, das sich zu einem anderen Selbst macht. Kierkegaard hatte eine Vorstellung von dieser kosmischen Wunde, aber ich zumindest ziehe den kosmischen Uterus vor; wo wir allein sein können (indem wir nirgendwo und überall sind). Vielleicht ist es so, daß wir »das Selbst« satt haben. Daß wir das sogenannte Schizoide nicht mehr als Scheitern ontologischer Sicherheit ansehen, sondern als eine Vision des Ausbruchs aus jener Sicherheit, die uns veranlaßt, uns genügend unsicher zu fühlen.

Das »Schizoide«, wie auch die voll entwickelte Verrücktheit, ist ein letzter verzweifelter Versuch, Autonomie angesichts ihrer universellen Vergewaltigung zu erreichen. Eine Philosophie der klassenlosen Gesellschaft ist anti-schizoid – allein genug sein, um uns wenigstens an einander zu freuen: wenn wir's nur wollen.

In diesem gegenwärtigen Augenblick werden wir in einer anderen Zeit leben; wir werden überall anderswo und zu allen Zeiten in diesem Kosmos leben, ohne irgend etwas von der Stelle zu bewegen.
Es gibt eine furchtbare Verwechslung zwischen dem Akt des Sich-Trennens von der Welt, wo doch beide, die Welt und dieser Trennungsakt, dir von anderen – oder vielmehr durch die Anderheit der anderen, nämlich das »System« – aufgezwungen werden, und dem Akt, der zu einer Innerlichkeit führt, die weit genug innen ist, um nicht länger dein eignes Innen oder das eines anderen zu sein. Dieses letzte Innen wird frei angenommen und öffnet sich der Welt in nur scheinbarer Unbestimmtheit – als transparentes Sein.
So entsteht ein Unterschied zwischen dem unbestimmten, eingeschlossenen Raum des In-Sich-Hineinschauens und dem freien Raum der Innerheit, der kein Innen im Gegensatz zu irgendwelchem angeblichen Außen bedingt, weil beide in ein und demselben Augenblick da oder sogar hier sind. Es kommt immer nur darauf an, das imaginäre Fernrohr herzunehmen und die Bedeutungslosigkeit und Absurdität der persönlichen Probleme zu erkennen und dann zu sehen, was sich im Makrobereich der Politik – der Marko-, Geo- oder Kosmo-Politik – abspielt. Dieses Fernrohr, von dem ich schon oben (im Zusammenhang mit dem Selbstmord) sprach, ist vielleicht imaginär, aber das, was es sieht, ist real. Es kommt nur darauf an, durch welches Ende du schaust.
Paradoxerweise ist die Innerheit ein Schritt in die Welt – in anscheinend falscher Richtung, wobei aber dieser Anschein bewirkt, daß das Falsche ganz richtig wird. Vielleicht bringt sie andere Menschen dazu, sich von dir ausgeschlossen zu fühlen, aber das ist nur, weil diese in sich selbst eingeschlossen sind. Was als rücksichtslose Leugnung der Existenz anderer erscheint, ist in Wirklichkeit eine Einladung zu wechselweiser Befreiung.
Dieser Schritt ist eine Einladung zur Kommunion, wobei diese in ihrem Wesen völlig verschieden ist vom Zwangscharakter der Kommunikation. Der Zwangscharakter der Kommunikation[11] zwischen den Menschen eliminiert meist

wirksam die Möglichkeit einer Antwort und daher die Möglichkeit, nicht zu antworten, wenn man es nicht will. Dies hat nichts mit der Nicht-Beantwortung von Kommunikation zu tun, aber hier liegt, wie ich meine, eine der extremsten Schwierigkeiten, menschlich zu sein – statt eine jener allzu festen Entitäten zu sein, die wir als »Menschen« bezeichnen.

»Nicht wollen« ist eine doppelte Negation, die jeder von uns daher in Gegenwart eines anderen erfahren kann – einer Gegenwart, die zur Abwesenheit, zur falschen Gegenwart, zur vorgegebenen Gegenwart werden kann: gerade durch diese Vergegenwärtigung der doppelten Negation. Wenn man einmal »nein« sagt, dann sollte das doch für jeden genügen; das »Nicht« des Nicht-Wollens und das »Wollen« produziert, indem es ein verwirrendes Gefühl der Abwesenheit beim (und des) anderen bedingt, eine entsprechende doppelte Negation bei diesem anderen.

Dies können wir z. B. gleich hier zwischen DIR und MIR ausmachen, aber du wirst alle Beispiele finden, die du brauchst – und noch viel mehr, als du brauchst oder als du vielleicht in deiner gegenwärtigen Erfahrung – in ihren erinnerten Formen – brauchen magst.

Denn es ist die vor fünf- bis sechstausend Jahren in der menschlichen Geschichte entstandene Idee des TOTALEN Eigentums (du kannst »dein« »Selbst« *haben*, wie andre Objekte), welche die Spaltung zwischen dem primären Selbst und dem Besitz-des-Selbst bewirkte – so als könnten wir jemals Aspekte unsrer selbst *besitzen*; Aspekte, die jenseitige Visionen dessen sind, woraus wir bestehen. Diese Visionen werden in bezug auf die konstituierenden Teile unserer Körper-Seelen-Körper oder Seelen-Körper-Seelen materialisiert, und man hat uns gelehrt, sie als unsere »gemachte« Konstitution zu betrachten. In Wirklichkeit aber sind wir Teilchen einer Darmflora, denn wir sind jene selektiven Teilchen der chemischen Substanz, die es dieser Flora ermöglicht, durch ihr Kapillarsystem in unsern zunehmend definierbaren Stoffwechsel einzufiltern. Und ebenso sind wir Teilchen vergangener Erfahrung von Gut/Böse, Teilchen von Brust, Penis, Fäkalien usw. Wir werden durch die kompliziertesten Systeme wissenschaftlichen und quasi-wissenschaftlichen

Denkens belehrt, uns als gemachte Versionen dessen zu betrachten, als was wir uns – residuell – immer noch hartnäkkig fühlen wollen: als ob wir uns selbst machten, während wir doch die gemachte Version unsrer selbst sind. Wenn wir zufällig mal die Zeit finden, zu lieben, dann finden wir Zeit für die Aktion. Hier ist jede Spaltung eine Einladung zur Reaktion – zur faschistischen Reaktion.

Und wenn wir keine Zeit finden, zu lieben, finden wir auch nicht die Zeit für unsere gesellschaftliche Verwirklichung in der Aktion. Wir finden lediglich Zeit für eine endlos perpetuierte Reaktion, die das System, das uns unterdrückt, endlos aktiviert.

Die Endlosigkeit resultiert aus unserer Unfähigkeit, als Frauen und Männer dieses System abzuschaffen. Daher müssen wir in den Melodien unsres Selbst einen Rhythmus finden – in einer Zeit, da alle diatonischen Melodien schon abgesungen sind.

Es ist ein schweres Lernen, ein schweres Kommen und Gehen; das Gehen wird etwas leichter, weil das Kommen schwieriger wird. Dann aber wird das Kommen, auch wenn's uns seltsam erscheint, ebenso leicht wie das Gehen. Und dann werden beide, das Kommen und das Gehen, viel zu leicht und viel zu schwer – aber immer noch leicht genug. Und wir stellen uns die Frage: »Revolution oder nicht Revolution?« Und immer wieder fallen wir in den Zweifel zurück: »Revolution – für nichts?« Denn letzten Endes: stehen wir alle auf der gleichen Seite oder nicht? Gewiß, wir können mit Leichtigkeit jede Revolution hier und jetzt bejahen, aber es ist doch ganz sinnvoll, daß wir warten: nicht auf äußere Umstände, sondern auf uns selbst. Natürlich handeln wir *jetzt*, aber wir müssen noch immer auf uns selbst warten – warten darauf, daß wir unsre Handlungen einholen. Wir müssen uns wohl mit der doppelten Ironie abfinden, daß wir eher durch unsre Träume geträumt werden, als daß wir unsere Träume selbst schaffen. Diese ungeträumten Träume ver-rücken uns; wir stellen eine Trennung fest zwischen der Realität unserer ungeträumten Träume und den Träumen, die die Gesellschaft regieren. Wir machen es uns einfach, wenn wir sagen, daß wir uns an unsre Träume erinnern – wie es einst hieß, daß man den Menschen, mit dem man schläft, erregt, um eigene Träume ins Bewußtsein des anderen einzuzeichnen. Und schließlich hat auch dies keinen Zweck. Es ist letzten Endes zwecklos, weil unsere Träume angesichts der ungleichen Endlichkeit nichts andres sind: unsere Träume *sind* die Erinnerung. Wir können nichts andres tun, als unsere Träume in Regionen hineinwachsen zu lassen, die jenseits unseres Raumes liegen – damit sie zu einem gewissen Raum führen. Unsere Träume kommen aus einer Region nach unserm Tod, vor unserer Geburt, und dies ist der Grund, warum sie uns so erschrecken. Ich erinnere mich an ein Gebet, das ich in meiner Kindheit jahrelang zwanghaft aufgesagt habe: »Lieber Gott, laß mich nicht sterben, laß mich nicht träumen, laß mich nicht alt werden.« Aber das letztere kam vor dem ersten.

Wir besitzen unsere Träume nicht. Unsere Träume träumen uns. Der ewige Widerspruch zwischen dem, was unser waches Selbst zu tun scheint, und dem, was unsere Träume anscheinend mit uns tun, ist nichts anderes als die vergessene Tat. Diese Träume wollen uns in eine andere Richtung führen, auf andere Wege als die von einer genormten Gesellschaft ausgetretenen. In unseren Träumen liegt verborgene Politik – eine Politik der Entnormung unserer Gesellschaft, frei vom Zugriff der Geheimpolizei: dies ist unsre aktive und willfährige Repression (= Verdrängung!) einer deutlich sichtbaren Unterdrückung (= Oppression).

Die Träume fließen durch die Bäche der partikularen individuellen Erfahrung – hinaus ins endlose Meer kollektiver sozialer Erfahrung.

Anders als Freud es meinte, wenn er vom »Königsweg zum Unbewußten« sprach, können wir unsere Träume als öffentliche Autobahn zur sozialen Realität betrachten. *Der Traum ist die Antipsychoanalyse. Aber seine Deutung ist sein – und unser – Tod.*

Unsere Träume sind Bestandteil des Materials, auf das es ankommt: unseres kollektiven Unbewußten, unserer politischen Realitäten und unsrer Befreiung. Und wir werden verhindern, daß irgend ein System sie uns raubt.

Vielleicht träumst du, daß Scheiße und faules, geronnenes Blut aus all deinen Körperöffnungen triefen. Jeder mit ein bißchen poetischem Sinn begabte Mensch versteht den Sinn dieser Botschaft-an-sich-selbst. Du brauchst dir nicht erst die Symbole deuten zu lassen (Scheiße usw. = Wut, Chaos, Zerstörung usw.). Wenn Scheiße einfach Scheiße ist, dann ist dies vernünftig genug. Es geht nicht um Übertragung (transference), sondern um die Veränderung (Transformation) der Gesellschaft.

Wir füllen den Raum unsres Lebens nicht mit irgendwelchem simplen Spott. Wir leben ihn vielmehr in Absurdität, in fröhlichem Spaß, in der Clownerie, die all unsre ernsthafte Prätention zum Nonsens macht. Wenn wir nur gut genug hinsehen, entdecken wir in unsern heimlichsten Gedanken einen Dostojewski'schen Idioten, einen närrischen, epileptischen Clown. Aber in Wirklichkeit haben wir keine Zeit, keinen Raum, keine Region für fröhlichen Spaß – erst recht nicht für Absurdität. Und der Paranoiker in uns stellt sich (er, sie – es handelt ja immer von Menschen, die gelebt haben) mit zunehmendem Ernst dar. Und dann sind wir verloren. Geschlagen, besiegt durch unsere Ernsthaftigkeit.

Aber retten wir uns nicht das innere Alter des Weisen, sondern der Unsinn des Clowns – des in uns verborgenen Clowns. Das ist das Schicksal des Guru, des Weisen, der den Clown in sich, seine Absurdität vergessen hat: wie retten wir uns, ohne Jünger zu werden?

Selbstverwaltung

Was bedeutet Selbstverwaltung? Selbstverwaltung bedeutet, daß wir die Macht ergreifen. Sie bedeutet, daß wir aufblikken – nicht zu den Sternen, sondern durch die Sterne hindurch, und daß wir andere Träume respektieren, aber noch mehr, daß wir besonderen Respekt für die Träume anderer aufbringen.

Wenn Autonomie bedeutet, daß man sein eignes Gesetz – das ist: ursprüngliche Autonomie – macht, dann bedeutet Selbstverwaltung, daß wir die Machtstrukturen unseres eignen Lebens und der eignen Arbeit übernehmen: natürlich nicht allein, sondern mit identifizierbaren anderen Menschen, die mit uns arbeiten und irgendwie leben – oder leben und arbeiten. Gewiß geht es nicht einfach darum, daß »Arbeiter die Fabriken übernehmen«: Selbstverwaltung betrifft jeden Aspekt des Lebens. Wenn deine persönlichen Bedürfnisse mit denen der Gruppe der anderen in Konflikt geraten, dann wird dies faßbar und fühlbar, und wir meinen, daß wir es durchkämpfen können. Der Feind der Selbstverwaltungs-Bewegung ist die zentralisierte Staatsmacht, wie sie sich im Funktionieren der Maschine dieses Machtsystems ausdrückt. Selbstverwaltung (autogestion) bedeutet nicht Selbst-Verzehrung (autodigestion) – das Sich-Selbst-Auffressen: sondern sie bedeutet, daß wir unser unverdauliches soziales System auffressen, zerbeißen und es schließlich, wenn wir seine Unverdaulichkeit erkennen, auskotzen und die Klokette ziehen. Die im neunzehnten Jahrhundert begonnene Tradition, die alle widerstreitenden Richtungen des Marxismus und Anarchismus jener Zeiten verbindet, kennzeichnet sogar Ereignisse wie den Kronstadter Aufstand, zu Leningrad im Revolutionären Rußland, bei welchem Anlaß Trotzki mit Sekt auf die Pariser Kommune von 1871 anstieß, die sich am gleichen Tag jährte, während er die rote Armee einsetzte, um die Verbände der Arbeiter und Matrosen der Stadt zu zerschlagen. Und Arbeiterräte in Deutschland, Ungarn, Spanien und Italien bekannten sich stets zu folgenden »Artikeln«: (1) Wir sind, und wo wir sind, werden wir die Produktionsmittel übernehmen. (2) Wir werden unseren Gefühlen als Minoritäten von Volk, Rasse, Klasse, Geschlecht, Kultur oder was immer freien Ausdruck geben. (3) Wir werden Leute an die Macht bringen, von denen wir unsere Macht beziehen und die wir durch unsere Macht kontrollieren, damit wir sie an ihre Pflichten – und auch an unsre – erinnern; wir werden den Staat, der uns ungleich macht, der uns ihnen und uns selbst ungleich macht, sanft töten.

Über gewisse Klischees vom Kapitalismus

»Totalitarismus ist schlecht.« So sagt man.
Aber alle modernen Industriestaaten sind totalitär. Also was soll's? Es geht einfach darum, daß derjenige, der die Pro-

duktionsmittel besitzt, auch die Kommunikationsmittel (und den »demokratischen Prozeß« usw.) besitzt.

»Kollektivismus ist schlecht.« (Schau nach, falls es dich nicht langweilt, bei Carter, Giscard d'Estaing oder Thomas Szasz.)

Aber der kollektive Kampf wird sich selbst kontrollieren (weil er muß). Er wird sozialistische Gesellschaften mit sich selbst kontrollierenden Individuen hervorbringen (zugegebenermaßen eher in wirklich befreiten Ländern der Dritten Welt).

Auf den Kampf kommt es an, der schließlich aus unseren Einzelschicksalen ein kollektives Schicksal macht. Und immerhin steht es uns frei, auf die richtige Art zu sterben, denn wenn wir dies wissen, dann sind wir frei, *unsere* Lebensart zu leben. Die Richtigkeit dieses richtigen Lebens besteht darin, daß wir die Bedeutung eines richtigen Todes zu erkennen lernen.

»Demokratie« bedeutet, daß die Menschen selbst die Macht ergreifen – nicht für jemand oder durch jemandes Wählerstimme. Und indem sie sie ergreifen, zerstören sie sie, für, mit und durch ihre Potenz.

Unsere Macht-Dialektik bewegt sich von objektiver Ohnmacht (mit ihrer subjektiven Dimension der Impotenz) *über* die Machtergreifung *zur* Beseitigung der Macht und zu ihrer Umwandlung in die reale Potenz jedes einzelnen. Dies ist die eigentliche Bedeutung von Demystifikation. Es werden keine Werte gesetzt; sie sind in der Arbeit der Demystifikation selbst enthalten.[12]

Manche Marxisten behaupten, daß mit dem totalen, endgültigen Erreichen der klassenlosen Gesellschaft sämtliche nationalen, kulturellen und religiösen Unterschiede verschwinden *werden*. Dies ist etwas zu abstrakt. Konkreter ist die Gewißheit, daß die Menschen – mit zunehmender Vereinheitlichung der Gebrauchsgegenstände, wodurch die Arbeit sinnvoller, vor allem aber immer weniger werden wird – immer verschiedener und unterschiedlicher werden; und sie werden die Freiheit haben, in der unendlich beschleunigten Umsetzung der verbleibenden Widersprüche in ausgelebte Paradoxien miteinander Beziehungen einzugehen – oder nicht. Paradoxien wie die endgültige Abschaffung des

Todes durch existierendes Leben, das sich selbst liebt – in dieser Welt.

Über Rivalität

Du hast nur Eines, was du tun kannst, und nur du allein. Du mußt es dauernd tun, unendlich viel besser tun, als du es tun kannst, du selbst. Alle andere Rivalität ist Sünde – oder besser: konterrevolutionärer Irrtum.

Ehrgeiz

Jeder von uns muß einen Ehrgeiz haben: der erste Revolutionär zu sein. Dieser Ehrgeiz, wenn du ihn hast, gerät nicht in Konflikt mit meinem, und auch meiner nicht mit deinem.

Gehorsam

Das Verbrechen existiert. Es heißt Gehorsam und Kontrolle. Gibt es eine gehorsamere Kontrolle der Normen der bourgeoisen Gesellschaft, als den von Charles Mansons »Family« verübten Mikro-Völkermord – auf dem Gipfel des völkermordenden Kriegs gegen das vietnamesische Volk? Jener angeblich irre Mörder, »Son of Sam«, lernte das sinnlose Töten beim Militärdienst in Korea: ein echter Sohn von Uncle Sam. Und abermals: wie entdecken wir die Disziplin des Ungehorsams, den lebendigen Feind des wandernden Todes durch zwanghafte Kontrolle? Wenn wir die Frage *in unseren Aktionen* hartnäckig genug stellen, werden wir anfangen, die Antwort zu finden.

5

Aller Wahn ist politische Aussage.

Die Erfindung der Nicht-Psychiatrie

Die Nicht-Psychiatrie ist im Entstehen begriffen. Ihre Geburt war eine schwierige Sache. Die moderne Psychiatrie – als pseudomedizinischer Akt der Aufdeckung falscher Lebensweisen und als Technik ihrer Klassifikation und Korrektur – entstand im 18. Jahrhundert und entwickelte sich im 19. Jahrhundert bis zu ihrer Vollendung im zwanzigsten. Hand in Hand mit dem Aufstieg des Kapitalismus entstand sie als Hauptagent der Zerstörung der absurden Hoffnungen, Ängste, Freuden und freudigen Verzweiflung von Menschen, die sich gegen die Gängelung durch dieses System auflehnten. Hand in Hand mit dem Todeskampf des Kapitalismus in den kommenden (vielleicht zwanzig bis dreißig) Jahren wird die Psychiatrie, nach der Familialisierung und Erziehung eines der wichtigsten Repressionsmittel der bourgeoisen Ordnung, zusammen mit ihrem kultivierteren Ableger, der Psychoanalyse, ihr verdientes Begräbnis bekommen.

Schematisch betrachtet, ist der Vorgang ganz einfach: Die Psychiatrie, voll institutionalisiert (= eingesetzt) durch ein staatliches System, dem es um die Perpetuierung seiner Arbeitskräfte-Reserven ging und das die Verfolgung der Ungehorsamen als Drohung gebrauchte, um »sie« konform zu machen oder aus der Gesellschaft zu eliminieren, wurde 1960 durch eine antipsychiatrische Bewegung attackiert, die so etwas wie eine vorläufige Antithese war, eine Widerstandsbewegung gegen psychiatrische Kliniken und deren endlose Ausbreitung in den Gemeindesektoren: diese führte dialektisch zu einer dialektischen Lösung, die nur in der Nicht-Psychiatrie liegen kann – ein Wort, das sich schon beim Hinschreiben wieder auslöscht.

Nicht-Psychiatrie bedeutet, daß das zutiefst beunruhigende, unbegreifliche »verrückte« Verhalten festgehalten, eingegliedert und in der ganzen Gesellschaft verbreitet werden soll: nicht als Krankheit, sondern als subversive Quelle von Kreativität und Spontaneität. Unter den Bedingungen des Kapitalismus ist dies natürlich »unmöglich«. Daher müssen wir diese Unmöglichkeit als Herausforderung akzeptieren. Denn woran bemißt sich Herausforderung, wenn nicht an ihrer Unmöglichkeit? Die Nicht-Existenz der Psychiatrie ist nur in einer veränderten Gesellschaft zu erreichen, aber es kommt darauf an, *jetzt* mit der Arbeit der Entpsychiatrisierung zu beginnen.

Nachdem für Nahrung und Wohnung ausreichend gesorgt ist, bleibt das radikale Bedürfnis, daß wir uns autonom in der Welt verwirklichen und daß wenigstens ein anderer Mensch unsere Taten und Worte als unsere eigenen anerkennt. Die totale ideale Autonomie, die darin bestünde, kein einziges Wort der Anerkennung von einem anderen zu brauchen, bleibt ein Ideal. Zwar finden manche Menschen sicherlich große Befriedigung bei einer bestimmten Form produktiver Arbeit, aber es bleibt doch ein immenses Bedürfnis nach durch andre bestätigter, autonomer Verwirklichung bestehen, die über solche Befriedigung hinausgeht. Aber diese persönliche Verwirklichung wird immer schwieriger. Wir haben gesehen, wie die Verrücktheit wegen der sich ausbreitenden Psycho-Überwachung immer unpraktikabler wird.

Die orgasmische Sexualität wird durch die schieren Stunden der Arbeit und ihre Qualität zerstört. Sie wird, zumindest für die Bourgeoisie, ersetzt durch die Passivität der pornografischen Spektakel oder der Thai-Massage. Die Menschen besuchen Kurse und »Therapien«, um körperlichen Ausdruck zu lernen. Universell verbreitete populäre künstlerische Ausdrucksformen (wie die japanische Haiku-Poesie oder die einstmals universell populären Erfindungen von Gesang und Tanz) werden durch die Professionalisierung und Technisierung spezialisierter, durch den Markt deformierter Kunstformen in den Schatten gestellt.

Die Schlüsselfrage für Revolutionäre lautet: wie vermeiden wir die Aneignung der Menschen und ihrer Ausdrucksweisen (und überhaupt aller neuen revolutionären Ideen) durch das staatliche System (im Gegensatz zur Wiederaneignung entmündigter Menschen und Ideen durch das Volk)? Die Frage innerhalb dieser Frage dreht sich um das Wort »vermeiden«. *Vermeiden* schließt die systematische Abschaffung aller institutionellen Repression ein; aber hier geht es uns um die Abschaffung aller Psycho-Technologie, und dies ist ein umfangreicheres Problem als die Abschaffung der psychiatrischen Institutionen in und außerhalb der Kliniken durch gewisse Formen der nicht-psychiatrischen Aktion, von denen dieses Kapitel handelt.

Unter Psycho-Technologie verstehen wir nicht nur Psychiatrie, Psychologie, Psychoanalyse und Alternativtherapien, sondern auch die mystifizierenden Techniken der Massenmedien (man braucht nur tagtäglich die verzweifelt beschleunigte Mystifikation der moralischen Verrenkungen in den Leitartikeln der kapitalistischen Presse zu verfolgen); die Lohn- und Straf- (oder Bestechungs- und Erpressungs-) Doktrin einer Außenpolitik à la Kissinger; den Einsatz der Psycho-Technologie vor Gericht, in den Gefängnissen und beim Militär. Technologie ist etwas für Sachen, nicht für Menschen.

In einem Buchladen in der inzwischen modischen Cannery Row in Kalifornien fand ich, neben einer witzigen Ausstellung sämtlicher Werke John Steinbecks, eine Abteilung der technologischen Bestseller. Zu den Büchern (und ich behaupte sicherlich nicht, daß sie sich alle auf gleichem Niveau halten) gehörten Abhandlungen über TA (Transaktionsanalyse), TM (Transzendentale Meditation), EST (Erhard-Seminar-Training – was nicht ganz soviel ist wie EKT-Elektrokrampftherapie), kreative Treue, kreative Aggression, Provokationstherapie, Gestalttherapie, Urschreitherapie, Begegnungstherapie, Drei-Tage-Marathontherapien, Tiefenmassage, Bioenergetik, japanische Dampfbäder (nackte Gruppenbegegnung: als Teil der Emanzipation); außerdem »Behaviour Mod« (eine Neuauflage von Skinner-Techniken): eine Methode, wie man sein Baby binnen 24 Stunden stubenrein machen kann – und daneben stand ein Buch im Regal, das eine Methode anpries, wie man sein Baby in weniger als 24 Stunden stubenrein machen kann

(»toilet training« heißt das auf englisch! d. Ü.). Ich bezweifle gar nicht, daß manche Menschen sich nach solchen Erfahrungen besser fühlen oder überhaupt erst anfangen, zu »fühlen«, oder sich »realer« fühlen – oder was immer die Ideale des Kapitalismus ihnen vorschreiben.

Eines Tages werden die USA, zusammen mit den europäischen »fortgeschritten liberalen Demokratien« (deren faschistischer Charakter sich schnell und unverhüllt zeigen wird) auf eigenen Füßen stehen müssen – statt wie bisher auf dem Rücken der übrigen Welt zu sitzen, und dann wird man sich mit einer anderen, weniger leichten und lukrativen Art »Realität« auseinandersetzen müssen.[1]

Inzwischen aber breitet sich der Kulturimperialismus aus, der seine kommerzialisierten Psychotechniken heimtückisch in die ärmeren, aber politisch fortgeschritteneren Länder Europas und der Dritten Welt importiert – durch professionelle Emanzipatoren, die in den USA Schnellkurse über die neuesten Techniken besuchen und dann nach Hause zurückkehren, um das schnelle Geld zu machen. Auch wenn diese Entwicklung noch nicht das gewaltige Maß der Ausbeutung durch die multinationalen Pharma-Konzerne mit ihren psychotropen Drogen erreicht hat, ist ihr ideologischer Inhalt bedeutsam. Nach der Psychiatrie, die auf De-Konditionierung (in Wirklichkeit einer traurigen Re-Konditionierung) beruht, oder der konventionellen Psychoanalyse, gibt es die »dritte Kraft« der »Alternativtherapien«, durch die die Verzweifelten verführt werden, die den beiden erstgenannten entronnen sind. Die Ideologie der persönlichen Rettung zeigt höchst effektive Strategien der Entpolitisierung.

Und abermals: *es gibt keine persönlichen Probleme, sondern nur politische Probleme.* Aber wir verstehen das »Politische« in einem weiteren Sinn, der sich auf die Machtentfaltung in den/oder zwischen den sozialen Entitäten bezieht (einschließlich jener zwischen den Körperteilen eines Menschen, in denen sich gewisse soziale Realitäten verkörpern). Persönliche Probleme im üblichen Sinn reduzieren das Politische auf Vorgänge zwischen einem Menschen und einigen wenigen anderen: in der Regel nach dem impliziten Familienmodell. Arbeitsprobleme, Kreativität und Sich-Selbst-

Finden in einer verlorenen Gesellschaft – das sind gewiß politische Probleme. Alle möglichen Therapien und die konventionelle Psychoanalyse verstärken den »ödipalen« Familialismus, und selbst wenn sie die gegenteilige Absicht verfolgen, klammern sie doch die makropolitische Realität und das repressive System, das den Individuen diese Realität vermittelt, aus dem Bereich des konkreten Handelns aus. Manche Psychoanalytiker, die für derlei Fragen empfänglich sind, stellen zunehmend ihre Theorie und Praxis in Frage. So etwa finde ich in der *Revue Française de Psychanalyse* (No. 1-2, Jan-April 1975) Aufsätze zu Themen wie: »Die Zukunft der Psychoanalyse« – »Reflexionen über die Frage: was wird aus der Psychoanalyse« – »Gibt es noch eine Psychoanalytische Bewegung« – »Psychoanalyse, ihr Gegenstand und ihre Zukunft« – »Freud – von seinen Schülern entlarvt« – »Messianismus in der Psychoanalyse«, »Welche Art der Psychoanalyse – und wofür?« – »Wird die Psychoanalyse das Jahr 1984 überleben?« (welch eine unbeabsichtigte Ironie!) – »Respektlose Bemerkungen über gegenwärtige und zukünftige Psychoanalyse« – »Der Tod der Psychoanalyse?« ... Politisch bewußte Psychoanalytiker riskieren sogar die Exkommunikation durch ihre jeweiligen Vereinigungen (Reich war nur der erste, den es traf), und viele »liberalisieren« die Dauer, den Stundenplan und die Häufigkeit der Sitzungen (obgleich dies oft nur den Forderungen einer weniger folgsamen Klientel entspricht). Trotz aller Ernsthaftigkeit, Bewußtheit und reichen Erfahrung vieler Analytiker bleibt letztlich der Widerspruch bestehen: nämlich einerseits zwischen dem universellen Bedürfnis der Menschen (nicht nur einiger weniger Bourgeois, die sich um Anpassung und »Reife« bemühen) nach »realen« Formen der Befreiung (»wissend, daß man keine Freiheit finden kann, wenn man sie nicht zusammen mit anderen findet«), und andrerseits der eingebauten Familialisierung des Diskurses in der Psychoanalyse und der unvermeidlichen Normalisierung, unvermeidlich im Interesse der herrschenden Klasse. Dies ist das entgegengesetzte Interesse.

Listenreich findet der Kapitalismus viele ideologische Fluchtwege aus seinen Krisen: der historische Faschismus ist nur einer davon. Finde einen Sündenbock – Juden, Slaven, Zi-

geuner, Irre –, und du kannst Kleinbürger und Lumpenproletarier verführen, die, wie Gramsci sagt, die Straßendemonstrationen der Arbeiter wie Affen imitieren; die Industrie bezahlt das Militär, und der Kapitalismus gedeiht am imperialistischen Krieg. Aber immer geht es darum, die Familie als soziale Kontrollinstanz zu erhalten. Die Psychoanalyse bestärkt diese bourgeoise Kernfamilienideologie in einer Weise, die für die intellektuellen, akademischen Schichten faszinierend ist, und damit begründet sie eine bestärkende, parafaschistische Ideologie, die getragen wird vom mythologischen Apparat – nicht einer arischen Superrasse, sondern einer Superrasse von Psycho-Technikern, die sich darauf verstehen, die Kindheitserfahrung systematisch zu angeblich universell angeborenen Phantasien von Ödipus, Primärszene, Thanatos usw. zu verfälschen. Die Psychoanalyse ist eine Ideologie für die *gebildeten* Massen, und sie stützt ihre Herrschaft auf die Tatsache, daß sie sich wirklich auf ein Stück – allerdings ein großes Stück – verborgener Alltagserfahrung beruft. Die Alternativtherapien bieten dasselbe, bei einiger Zeitersparnis – aber Zeitersparnis wofür?
Der Kapitalismus stattet seine ideologischen Helden mit einer neo-keynesianischen Ökonomie des Denkens aus. Gäbe es nicht die eine Marionette Adolf Hitler, mit der sie vorzugsweise operieren, dann hätten sie die Wahl unter Tausenden anderer Kandidaten.[2] Gäbe es nicht den einen Freud, der um die Jahrhundertwende lebte und schrieb, dann hätten sie die Wahl unter tausend anderen, aber sie brauchten eben nur *einen*, der in der Lage war, die aufschneidenden Notwendigkeiten des kapitalistischen Systems aufzuschreiben und sodann ganze Schulen schafsfrommer Schüler zu begründen, die die Botschaft verbreiten.[3]
Gibt es überhaupt eine gültige Therapie außerhalb der psychomanipulierenden Industrien? *Nicht*, wenn sie mit einer willfährigen, Abhängigkeit schaffenden Machtbeziehung verbunden ist, die eine Technik zu sein vorgibt. Ja, falls sie mit einer politischen Erziehung verbunden ist, die wiederum jegliche persönlichkeitsbezogene Problematik ins Absurde explodieren läßt. Es gibt keine Technik, um die Familialisierung des Diskurses ins Absurde explodieren zu lassen; kein Handeln (das Sprechen basiert ja auf dem Mutter-Vater-

Kind-Modell, das alle möglichen anderen Menschen in die »persönliche« Problematik einbezieht), das nicht den Strukturen der bürgerlichen Institutionen eingeprägt würde. Es ist eine neue Form des politischen Aktivismus, die die Bombe der Absurdität in die Produktionsstätten dieses Problems – die Industrie – werfen wird.

Es gibt jedoch immer Leute, die ihre Konditionierung weit genug hinter sich gelassen und die sich mit dem Leiden in ihrem Inneren bereits genügend auseinandergesetzt haben. Leute ohne professionelle Ausbildung, die »wissen«, wie dem anderen (der Probleme hat) zumute ist – ohne deswegen zwangsläufig zu wissen, was sie wissen oder wieso sie es wissen. Diese Art Wissen aber, die nicht auf und durch Wissen beschränkt ist, wird kommuniziert in der (entchristlichten) Kommunion der Spirale, in der der andere weiß – und weiß, daß der nächst-andere (der Probleme hat) wissen usw... Diese nicht-verbale Aktivität unterläuft den formalen, expliziten Dialog der Worte. Die einzige Möglichkeit, das Verbale hinter sich zu lassen, ist ein Diskurs, der nicht mehr aus Worten »besteht« (der inkonsistente Diskurs, die Sprache der Verrücktheit) – der die Worte überspringt und in die Spirale der Kommunion eintritt. Aus der Angemessenheit begriffenen Leidens destrukturieren wir den normalen Diskurs und seine Inkarnation in den Wörtern, um in die Spirale der Kommunion einzutreten, in der wir schließlich uns selbst gleich werden – in einer Gleichung, die niemals arithmetisch-statisch ist. Wenn man das Wort nur dringend genug sagen will, *tut* man es. Ganz ruhig.

Das Wort »Therapie« in seiner medizinisch-technischen Bedeutung sollte geächtet werden. Aber anscheinend sprechen die Leute noch immer »unradikal« mit artikulierten Wörtern. Es sollte jedoch nicht allzu viele Stunden dauern, die wenigen Dinge zu sagen, die in unserm Leben wichtig sind, wenn nur der andere seine Ohren aufsperrt. Hört man jemandem zu, der in »voll abgeflogenem Wahn« redet, dann kann man tatsächlich seine Ohren verstopfen, indem man versucht, den Inhalt der Wörter zu interpretieren oder indem man den lächerlichen Versuch macht, in der gleichen Sprache zu antworten. Die Wörter versuchen das Unsagbare auszudrücken, und dies ist nie der Inhalt der Wörter, sondern gerade das Schweigen, das auf einzigartige Weise durch die Wörter gebildet wird. Daher lauschen wir, wenn wir unsere Ohren aufsperren, gerade auf das Schweigen in seiner präzisen, spezifischen Aussage. Und zweifellos weiß der »im Wahn Befangene«, ob unsere Ohren offen oder verschlossen sind. Außerdem haben wir bei der »Paranoia« stets die praktische Aufgabe, die realen früheren und gegenwärtigen Formen der Verfolgung zu erkennen. Psychotechnisches Training erfüllt seinen sozialen Zweck der Mystifikation, es verblendet und betäubt die Menschen gegen das, was offenkundig vor ihrer Nase geschieht.

Franco Basaglia und seine Mitarbeiter haben unlängst ein Zentrum in Belluno eingerichtet – in einem großen Landhaus in den Dolomiten, wo sie Menschen aus der psychiatrischen Klinik Triest aufnehmen, die dort einige Zeit in einer relativ de-institutionalisierten Situation leben können. Einmal erlebte ich in diesem Haus, wie ein Mann, der zwanzig Jahre lang als »in sich zurückgezogener, chronisch Schizophrener« gegolten hatte, mitten in einer Fußballübertragung den Fernseher zertrümmerte und dann noch drei Fenster einschlug (um die Welt draußen – statt im Kasten – zu sehen). Das Entscheidende war nun, daß dieser Mann in der durch Wut und Furcht gekennzeichneten Gruppensituation nicht sofort durch eine starke Injektion neuroleptischer Drogen (die viel mehr kostet als ein paar eingeschlagene Fenster) »behandelt« wurde. Er wurde vielmehr von einem Angehörigen des Personals beiseite geführt, und dieser machte ihm nun keine Vorwürfe, sondern sperrte seine Ohren auf, während der Patient, unter starker Gefühlsbeteiligung, zwei Stunden lang die Geschichte seines Lebens erzählte. Natürlich blieb noch das Problem, nach zwanzig Jahren der institutionellen Entmündigung einen Weg zu finden, sich in die Außenwelt einzufügen, aber das wichtigste war doch, daß die »chronische Schizophrenie« durch den Kontext einer vernünftigeren Gemeinsamkeit behoben war: durch ein oder zwei Taten und ein paar Worte und sehr viel Gefühl – und durch die persönliche »Maßnahme« von jemand, der »offene Ohren« bot – statt der simplen Mystifikation »offener Türen«.

Wir können also sagen, daß den Psychiatern nur eine Wahl

bleibt: sich selbst umzubringen – oder wir bringen sie um, natürlich nur im metaphorischen Sinn.[4] Was aber bedeutet dies? Es bedeutet, daß wir erkennen müssen, wie schwer ein Mensch, der als professioneller Psychotechniker hauptsächlich durch das medizinisch-reglementierende Syndikat der Psychiatrie, aber auch durch Psychoanalyse, Sozialpsychologie und Soziopsychoanalyse usw. geformt, präformiert und deformiert wurde, die Strukturen seines Lebens ändern kann, zu denen eben auch Geldverdienen als Teil des Systems gehört. Wenn wir klar und eindeutig mit dem System brechen, so bedeutet dies, daß wir alle Sicherheitsstrukturen unseres Lebens – und unsres Körpers und unsrer Seele – riskieren: Familie, Wohnung, Versicherung, geachtete soziale Identität und achtbare Mittel, genug oder mehr als genug Geld zum Leben zu verdienen – all diesen Besitz, der mehr ist als in einen Koffer paßt (abgesehen von 'nem Klavier). Für einige Wissenschaftler ist dies eine historische Notwendigkeit, für andere ist ein zeitweiliger historischer Kompromiß möglich. Wir brauchen nicht jederzeit die totale Destrukturierung (den »Selbstmord« des Psychiaters): auf derselben Seite und in totaler Solidarität mit den anderen Verrückten stehend, die allenthalben ermordet werden. Aber wenn die Psychiater sich nicht wenigstens einige Zeit einigermaßen destrukturieren, machen sie es notwendig, sie zu ermorden.

Als ich Anfang der 60er Jahre – im Zusammenhang verschiedener Polemiken – in England schließlich das krumme, und dauernd weiter verdrehte Wort »Anti-Psychiatrie«[5] erfand, gab es kein kollektives Bewußtsein von der Notwendigkeit politischen Engagements. In diesen Jahren waren wir alle im nationalen Kontext unsrer jeweiligen Arbeit isoliert. Heute sind wir Tausende und Abertausende, die anfangen, durch die wachsende Solidarität unsrer Aktion die Dialektik unseres Kampfes zu entdecken.

Denn es gibt eine Dialektik, die von der Psychiatrie über die Anti-Psychiatrie zur Nicht-Psychiatrie (der endgültigen Abschaffung aller psychotechnischen Methoden der Überwachung und Kontrolle) führt. Die Entfaltung dieser Dialektik ist untrennbar verbunden mit der Entwicklung der Klassenkämpfe. Sie folgt aber nicht automatisch aus der Dialektik der *politischen Revolution*, die vom Kapitalismus über den Sozialismus (gleichgültig ob er in einigen Fällen durch die Diktatur des Proletariats, die direkte Machtergreifung der Arbeiterklasse – zusammen mit volksverbundenen Teilen des Militärs, in anderen durch die Stadt- oder Landguerilla, in wieder anderen durch die Ausnutzung der bourgeois-demokratischen Maschinerie erreicht wird, wobei in letzterem Fall die Mystifikation des Wahlverfahrens gegen dieses selbst gekehrt wird) zur klassenlosen Gesellschaft des Kommunismus führt, die auch die letzten Elemente der bürokratischen Macht abschaffen wird. Die Dialektik von PSI, Anti-PSI/Non-PSI folgt nicht aus der politischen Revolution, weil sie erst aus der *sozialen Revolution* folgen wird – einer Revolution gegen alle Formen der institutionellen Repression, die ihre eigenen, höchst unterschiedlichen Impulse entwickeln wird. Jene Dinge, die die Verschiedenartigkeit der Entwicklung bestimmen, treten im konkreten Kampf um die soziale Revolution deutlich hervor, über den Weg zum je eigenen nationalen Kommunismus als der Grundlage des einzig möglichen Internationalismus. Falls jemand dies idealistisch oder utopisch findet, sollte er überlegen, daß es nicht utopischer ist als das aktive Streben der ganzen Menschheit. Wie die politische Revolution sich gegen nationale und (infrastrukturelle) Klassen-Unterdrückung richtet, so ist die soziale Revolution Kampf gegen die institutionelle Repression, durch die wir uns zu Opfern gemacht sehen, wo immer wir sind, der Kampf gegen die Mystifikation unsrer Bedürfnisse.

Wenn wir Verrücktheit als unseren ersten tastenden Schritt zur Ent-Entfremdung erkennen und wenn wir erkennen, daß die ganz unmittelbar gegenwärtigen Formen der Entfremdung aus der Klassenspaltung der Gesellschaft resultieren, dann kann es im voll entwickelten Sozialismus (d. h. in einer Gesellschaft, wo die Kluft zwischen politischer Revolution und sozialer Revolution »adäquat« überbrückt wird) keine Psychiatrie geben, und überhaupt keine Form der Psycho-Technologie in der kommunistischen Gesellschaft. Dies sind in groben Umrissen die »Hypothesen zur Nicht-Psychiatrie«, die Skizze zum Aufbau einer Non-PSI-Gesellschaft. Die Ausfüllung und Verbesserung dieser Skizze ist abhängig von einzelnen Menschen und von Menschengruppen, die ein Bewußtsein nicht nur von ihrer Unterdrückung gewinnen, sondern auch von den spezifischen Formen ihrer Repression in den einzelnen Institutionen, in denen sie als funktionierende Organismen leben und sich bemühen, als Menschen lebendig zu bleiben. Die lebendige, vorsichtig fühlende und heute schon fühlbare Solidarität, die sie entwickeln, ist das, was die Vision auf die Erde herabholen wird. Diese Solidarität, die das Konkrete enthüllt, erleben wir heute in manchen authentischeren anti- und nichtpsychiatrischen Bestrebungen – und von diesen soll jetzt die Rede sein.

Wenn ich mich jetzt auf ein Stück zurückliegender Geschichte besinne, dann muß ich mich dafür entschuldigen, daß ich aus meiner persönlichen Sicht schreibe; aber der antipsychiatrische Kampf, wie ich ihn ursprünglich sah, war ein Kampf *innerhalb der staatlichen Institutionen der Psychiatrie*, wie auch in den verschiedenen Ablegern der Psychiatrie: ihren »Einzugsgebieten« oder Sektoren (in Europa), mit ihren psychiatrischen Stationen in Allgemeinkrankenhäusern, Tageskliniken, »beschützten Werkstätten«, Rehabilitationsheimen usw. Als ich 1967 die Grenze dessen erreicht hatte, was ich antipsychiatrisch in der Isolation tun konnte, und daher beschloß, daß der nächste Schritt aus der Klinikstruktur in die »Gemeinschaft« hinausführen mußte, hatte ich nur vage Vorstellungen von den möglichen Formen der politischen Aktion: etwa der Schaffung von Zentren Revolutionären Bewußtseins,[6] oder der Begründung eines (ironisch gemeinten) »Instituts für Phänomenologische Studien« – wo ich neben John Berke und Leon Redler als (Anti-)»Direktor« fungierte –, das 1967 den Kongreß »Dialectics of Liberation« in London organisierte, an den unmittelbar sich die Arbeit der kurzlebigen Anti-Universität London anschloß. Damals kannte ich nicht die wichtige politische Bewußtseinsarbeit, die Franco und Franca Basaglia, Jervis, Pirella und ihre Genossen in Gorizia, Italien, leisteten.

Jedenfalls war die Anti-Psychiatrie, was immer sonst noch wir »draußen« politisch tun konnten, eine wichtige Sache, und was mich betrifft, so bleibt sie eine exemplarische Aktion gegen die psychiatrische Repression in den staatlichen

Strukturen der Psychiatrie, wo ihre überwiegend aus der Arbeiterklasse stammenden Opfer zu finden sind.
Bevor ich einfach mal die wichtigsten definierenden Punkte der anti-psychiatrischen Ideologie aufzähle, will ich auf einige theoretische Arbeiten eingehen, die der Entstehung dieser Ideologie wichtige Anregungen gaben, wenngleich diese Arbeiten keineswegs als anti-psychiatrisch aufzufassen sind.[7] Diese Arbeiten gingen aus Forschungen in den USA und in England hervor. Da waren z. B. die Arbeiten von Gregory Bateson und der Palo-Alto-Gruppe in Kalifornien, über die Kommunikationstheorie der Schizophrenie, hauptsächlich die *»double-bind«*-Theorie (1956), sowie wichtige Familienforschungen, aus denen sich z. T. aufschlußreiche Ideen wie die der »schizogenen« Mutter oder Familie ergaben. Dann jener brillante, fundamentale Ausbruch aus der Kraepelin'schen Psychiatrie in R. D. Laing: *The Divided Self*, 1960 (dt. Übs.: *Das geteilte Selbst*, Rowohlt, Reinbek 1976) und in Laing und Esterson: *Sanity*, *Madness and the Family*, 1964 (dt. Übs.: *Wahnsinn und Familie*, Kiepenheuer & Witsch, Köln 1975), der anschaulich zeigte, daß die angeblich so unverständlichen »schizophrenen Symptome« ganz simpel aus der Familien-Interaktion zu erklären waren. Thomas Szasz: *The Myth of Mental Illness*, 1962 (dt. Übs.: *Geisteskrankheit – Ein moderner Mythos?* Kindler, München 1975) war eine wichtige, sorgfältig dokumentierte Demystifikation der psychiatrisch diagnostizierenden Etikettierung überhaupt.
Parallel zu unsrer Arbeit in der Villa 21, die ich in *Psychiatry and Anti-Psychiatry* (dt. Übs.: *Psychiatrie und Anti-Psychiatrie*, Suhrkamp, Frankfurt 1971) geschildert habe – und daran anschließend – entstanden in England eine Reihe von Gemeinschaften außerhalb des staatlichen Kliniksystems; deren Ziel war, einen Gemeinschaftskontext zu schaffen, in dem Menschen kritische Lebenssituationen durchleben konnten, ohne daß der Prozeß ihrer Veränderung durch die übliche psychiatrische Entmündigung und den Eingriff ärztlicher »Behandlung« gestört wurde. Die Philadelphia Association begründete Kingsley Hall und unterhält heute eine Reihe von Wohngemeinschaften. Dann richtete die Arbours Association in einem Haus ein Krisenzentrum ein und führt

heute auch eine Anzahl Wohnungen in London. Ehemalige psychiatrische Patienten organisierten sich in einer *Mental Patients' Union*. Auch in Nordamerika entstanden Gemeinschaften als Alternative zur Psychiatrie; »radikale Therapeuten« organisierten sich, und ehemalige Patienten schlossen sich gegen psychiatrische Übergriffe in einem »Network« zusammen, das eine sehr brauchbare, zweimonatig erscheinende Zeitschrift, *Madness Network News*, herausgibt. Viele dieser Bewegungen waren vom Geist der Revolte inspiriert, wie er 1968/9 die ganze kapitalistische Welt erfüllte, von den Studenten- und Gettorebellionen und vom Kampf gegen den Vietnamkrieg.

Was nun die Anti-Psychiatrie betrifft, so wurde sie in den 60er Jahren begründet und existiert heute überall da, wo folgende ideologische Punkte in der Arbeit in psychiatrischen Institutionen und den entsprechenden Gemeindesektoren praktischen Ausdruck finden:

1. Umkehrung der Spielregeln des psychiatrischen Spiels; Abwehr der ärztlichen Macht, wie sie sich in der Diagnose verkörpert, wobei der andere nicht der demütigenden Zeremonie der psychiatrischen Ausfragerei ausgesetzt wird (»Interview«); [vielmehr stellen die »Patienten« ihre eigene Anti-Diagnose in Form einer prinzipiellen Aussage ihrer Verrücktheit: »Ich hörte Stimmen sagen, ›er ist sich seines Lebens bewußt‹« – »ich bin Johannes der Täufer, (weil) ihr alle müßt wiedergeboren werden« – »mein Geist wird durch (irgendwelche) *fremden* Kräfte kontrolliert« ... die Beispiele sind buchstäblich endlos]. Umkehrung einer ärztlichen Macht also, wie sie sich in geheimen Krankenakten (statt eines gemeinsamen, zusammen geschriebenen Dossiers) dokumentiert; wie sie sich im System der Zwangseinweisung und der Behandlungsrezeptur verkörpert; in der Schlüsselgewalt von Ärzten und Pflegern, wie sie sich in all den irrationalen medizinischen Pflegetechniken verkörpert, die lediglich der symbolischen Befriedigung ärztlicher Machtbedürfnisse dienen – vom weißen Kittel bis zur routinemäßigen Verabreichung intravenöser Infusionen an behandlungswillige Trinker. Wie es ... ach was soll's – Kampf dem System, dessen Prätentionen durch Macht motiviert sind!
2. Beseitigung der hierarchischen Autoritätsstrukturen, wo-

bei anerkannt wird, daß der Verrückte zentrale Autorität beanspruchen kann. Und wobei die Ärzte die Autorität von Pflegern und Schwestern anerkennen, die die gleiche Klassen- und (hoffentlich) Körpersprache wie die Patienten sprechen. Die Funktion des Arztes beschränkt sich darauf, administrative Einmischung abzuwehren, Verhütungsmittel auszugeben – und zu schweigen, zuzuhören und zu lernen (mehr als seine Psychoanalyse ihn je lehren kann, und sicherlich mehr als seine medizinische Fakultät ihn gelehrt hat).

3. Vorsichtige Nicht-Einmischung, um Erfahrungen zu erschließen, statt sie zu verschließen. Dies bedeutet die Abschaffung aller Formen der Schocktherapie (Insulin- und Elektroschock in jeder Form – »sogar« heute noch findet man Aufsätze wie z. B. im *British Journal of Psychiatry*, April 1975: »Unilaterale Elektro-Krampf-Therapie: Wie bestimmt man die dominante Hemisphäre des Gehirns?); Abschaffung der Psychochirurgie, auch der immer komplizierteren stereotaktischen Angriffe auf ausgewählte Teile des limbischen Hirnsystems; Absetzen der massiven Dauerdosierung höchst destruktiver psychotroper Drogen anstelle einer *menschlichen* Beruhigung durch (etwa Phenotiazine und Haloperidol) die realen Körper realer Menschen – obgleich jeder vielleicht dann und wann ein bißchen Valium braucht. Der Einsatz jeglicher Drogen sollte offen erklärt werden (die Wirkung der meisten »Psycho«-Drogen sind unerklärlich – außer für die Buchhalter der multinationalen Drogenkonzerne). Und vor allem die Anerkennung des Rechts, unter allen Umständen »Nein« zu jeglicher Behandlung zu sagen; sowie die jederzeitige Anerkennung des Rechts, wirklich »Nein« zu allem zu sagen, was das fundamentale Recht jedes Menschen verletzt, sich nicht in die Machtspiele anderer Leute hineinziehen zu lassen.

4. Beendigung aller Formen der sexuellen Repression – kein Verbot für Sex zwischen zwei (oder mehr Menschen), die ihn wollen! Wenn in Dahomey ein Verrückter in den Kral eines traditionellen Heilers gebracht wird, ist er sexuell aktiver als je zuvor: und dies in einem System, das soziale Verrücktheit als notwendige Lebensphase anerkennt, die einen Anfang und ein Ende hat. Oder orgasmisch gesagt: »Wir alle kommen aus Dahomey!«[8]

Manche Psychiater sagen heute, die Anti-Psychiatrie sei *passé*. Wir wollen ihnen gern glauben, wenn sie anfangen, einen nennenswerten Teil dieser programmatischen Ideologie in die Praxis umzusetzen.

Bevor wir uns auf das schwierige Gebiet der »gemischten Zustände« von Anti- und Nicht-Psychiatrie an den verschiedenen europäischen Schauplätzen einlassen, wo es solche Erfahrungen gibt, die allesamt auf eine praktische Definition der Nicht-Psychiatrie hinauslaufen, kann es nicht schaden, wenn wir an all die vielen Dinge erinnern, die *nicht* Anti-Psychiatrie sind. Zum Beispiel: Unlängst wurde ich in Mexiko aufgefordert, meine Meinung zu einem »anti-psychiatrischen Projekt« in einer Klinik zu sagen, wo man – getreu den aus USA importierten Reklametechniken – an die Patienten T-Shirts verteilt hatte, mit dem Slogan: »Ich bin kein Objekt, sondern ein Mensch!« Die Leute schauten mich verwundert an, als ich sie fragte, ob auch das Personal solche T-Shirts bekommen habe. Vielleicht fängt Anti-Psychiatrie dort an, wo die Ärzte und Pfleger den Patienten nicht mehr ihre Seele, sondern ihr T-Shirt klauen. Und dann gibt es jene Psycho-Techniker, die voll Verzweiflung in konventionellen psychiatrischen Institutionen arbeiten und Bruchstücke einer literarischen Avantgarde-Anti-Psychiatrie oder Bruchstücke der Psychoanalyse oder sogar der Reich'schen Psychoanalyse einzubringen suchen. Bei allem Respekt vor den Ansichten Wilhelm Reichs – dies ist auch keine Anti-Psychiatrie.
Und schließlich gibt es die Gemeinschaften außerhalb des staatlichen Psychiatrie-Systems. Die Projekte in England sind ja recht ernsthaft, aber bei all den »inneren Reisen«, die dort stattfinden, fragt man sich doch, ob die Abwertung des Pfund-Sterling, die massive Arbeitslosigkeit und die zunehmende Faschisierung der Bevölkerung anläßlich der Frage der schwarzen Immigranten (in ganz Westeuropa gibt es 15 Mio. Arbeitsemigranten – mehr als es 1938 Juden in Deutschland gab) in dieser Welt überhaupt praktische Aktionen nach sich ziehen werden (ganz zu schweigen von den unerschrockenen Iren, die ihre Freiheit verlangen und effek-

tiv verteidigen, und den Autonomisten in Schottland, Wales, Cornwall und jetzt auch in der Bretagne, die ebenfalls ihre Freiheit fordern: wenn auch in keltischen Subkulturen, die noch hinter dem Klassenkampf her hinken, ihm aber in mancher Hinsicht auch voraus sind).

Die nordamerikanischen Gemeinschaften sind mitunter tragi-komisch. In einer von ihnen besteht die Regel, daß zwei Leute nicht zwei Nächte hintereinander miteinander schlafen dürfen, denn dies wäre keine Emanzipation; es wäre nicht Liebe – nicht Liebe für die übrige Gruppe. Doch es ist das Privateigentum, das solche Vergewaltigung der Privatsphäre erfindet (abgesehen von der internen Gruppenarbeit lebt diese Kommune nämlich von zwei florierenden makrobiotischen Restaurants). In einer anderen Kommune, die ich besuchte, hatte ein 60jähriger Psychiater die Gruppe auf sechs junge Mädchen und sich selbst reduziert: immerhin ein ehrlicher Mann. Aber –

Und dann gibt es Nothilfe-Gruppen, die ein Sicherheitsnetz gegen die Psychiatrisierung spannen wollen, bevor dieser traurige Fall eintritt. Davon gibt es in Europa eine ganze Anzahl, und der Prozeß der Familialisierung ist stets derselbe: immer gibt es in dieser Mikro-Ödipus-Situation einen, der den chronischen Irren außerhalb des Kliniksystems oder den chronischen Selbstmörder spielen muß – sonst würde die übrige Gruppe auseinanderlaufen, verrückt spielen oder sich umbringen. Die meisten Opfer solcher »anti-psychiatrischen« Interventionen würden die Sicherheit einer gewöhnlichen, leicht liberalisierten Klinikstation vorziehen. Ich ebenfalls – und das gilt auch für alle möglichen »Kommune-Erfahrungen«.

Nach allem, was wir über solche Gemeinschaften außerhalb des staatlichen Psychiatrie-Systems wissen, können wir einige Schlußfolgerungen ziehen:

Man kann nicht eine makropolitische Realität der Unterdrückung und Repression durch introspektive Mikro-Gruppen privilegierter Bürgerkinder zerschlagen (die Eltern bezahlen ohnehin, falls es nicht auf Krankenschein geht).

Man kann solche Erfahrungen endlos multiplizieren (ein oder zwei Wohnungen) – zurück in die alles aneignenden Arme des Systems.[9]

Man kann »schlechte« Psychiater nicht zu »guten« Psychiatern bekehren – moralisch, geistig usw.
Es gibt keine Messiasse, und die Propheten müssen nur eine Lektion lernen: nämlich bescheidenes, respektvolles Schweigen.
Das »System« wird enden, nicht mit einem Knall, auch nicht mit Gewinsel, sondern mit der animalischen Gewöhnlichkeit, die uns einzig geblieben ist, um das Werk einer Zivilisation rückgängig zu machen, die uns auflöst (wie die mythische, aber effektive Freud'sche Zivilisation der Repression, des Thanatos und des zweiten Gesetzes der Thermodynamik »bedurfte«).
Alle Verrückten sind politische Dissidenten. All unsere Verrücktheit ist unsere politische Dissidenz. Vor zwei Jahren kam ein ehrlicher Mann nach Paris – Leonid Pljuschtsch. Er hatte das ganze Kerker-Ritual hinter sich, das in der UdSSR für abweichende Liberalkommunisten und andre Arten von Dissidenten vorgeschrieben ist. Er erzählte der Presse seine Geschichte und stellte auch fest, daß er Marxist und Kommunist sei (die Geschichte wurde in der US-Presse nacherzählt, mit der üblichen Unterschlagung letzterer Attribute). Pljuschtsch hatte sämtliche Vergewaltigungen ausgestanden – durch Insulinschock bewirktes Koma, Haloperidolbehandlung und Demütigung durch psychiatrische Verhöre.[10] Gegen solche Behandlung, auch wenn sie weniger fortgeschritten und raffiniert ist als in der kapitalistischen Welt, muß protestiert werden, diesen Protest aber können nur politische Gruppen in der kapitalistischen Welt erheben, die sich zur Solidarität mit einer authentisch sozialistischen Opposition in der UdSSR bekennen und die erkennen, daß diese psychiatrische Gewalt gegen politische Dissidenten im Kapitalismus Hunderttausenden angetan wird, und nicht nur, wie in der UdSSR, neunzig oder neunhundert Menschen. Ganz zu schweigen von der psychiatrischen Folter, die politische Aktivisten in Uruguay und in vielen anderen Ländern erleiden müssen, und der Folter durch sensorische Deprivation, wie sie die Engländer in Nordirland und das westdeutsche Regime entwickelt haben.
Es gibt keine Entschuldigung für das, was in der UdSSR psychiatrisch geschieht, wo *keine* Psychiatrie ein Existenz-

recht hat. Aber das Serbsiki-Institut hat sich noch der geringeren Brutalität schuldig gemacht, verglichen mit den Verbrechen gegen die Menschlichkeit, wie sie in der kapitalistischen Welt von Psychiater-Vereinigungen verübt werden, die sich auch noch zur selbstgerechten Heuchelei versteigen, ihre sowjetischen Mitschuldigen dafür zu kritisieren, daß sie nur einen Teil dessen tun, was bei ihnen selbst Routine ist. Diese Impertinenz kann gar nicht so naiv sein, wie sie scheint. Die USA und die UdSSR könnten sich gegenseitig harte Lektionen aus ihrer jeweiligen Geschichte vorhalten, dennoch weiß die UdSSR mehr von der Nicht-Zukunft des Kapitalismus. Den Ausschlag gibt der Tod Tausender Guerilleros in Zimbabwe und zahlloser Abertausender in der übrigen Welt. Es bleibt die Frage bestehen, warum falsche Macht-Hegemonien sich auf den Tod bekämpfen müssen – den Tod so vieler anderer Menschen? Und die Frage der psychiatrischen Morde. Ihre Sache ist verloren, aber sie werden weiter machen, bis wir sie daran hindern. Der Imperialismus ist tatsächlich wahnsinnig geworden. Und auch die psychiatrischen Agenten des Kapitalismus und der bürokratischen Formen von Sozialismus.[11] Wäre es nicht besser, sie würden statt dessen verrückt – wenn auch nur ein bißchen: auf dem Weg zu etwas mehr Menschlichkeit?

Und während all dies geschieht, passieren in anderen Teilen der Welt wichtige Dinge. Michel Foucaults Buch *Wahnsinn und Gesellschaft* (Suhrkamp, Frankfurt 1974 – in Frankreich unter dem korrekteren Titel *Histoire de la Folie à l'Age classique*) wurde 1961 geschrieben – eine wahre Geschichte des »Wahnsinns«, angefangen vom heiligen Nimbus des »Wahnsinns« im Mittelalter (Zugang zu einer höheren Realität in dem Sinn, daß man wenigstens zu sich selbst sprechen kann) bis hin zu ihrer klinischen Ausrottung im 17. Jahrhundert. Darauf folgte – nach einer ungeheuren philosophischen *tour de force* in anderen Büchern – seine einzigartige Analyse der konkreten Formen repressiver Gewalt, die Demystifikation einer ganzen Reihe »linker« Vorurteile, in seinem späteren Buch *Surveiller et punir*, 1975, (dt. Übs.: *Überwachen und Strafen*, Suhrkamp, Frankfurt 1976) und dem 1. Band von *La Volonté de Savoir* (Sexualité), 1976 (dt. Übs.: *Der Wille zum Wissen*, Suhrkamp, Ffm. 1977).

Bei aller erdrückenden Fülle dieses literarischen Materials will ich eines nicht vergessen: die ganz praktische Autorität von Michel Foucault, der in einer Reihe von Werken, angefangen bei *Die Geburt der Klinik* (Hanser, München 1973), die Machtstrukturen der »ideologischen Denkblokkierungen« niedergerissen hat. Wir fangen kaum erst an, die Strukturierung der Macht zu begreifen, in die wir, nicht als Personen, sondern als Fasern einer tieferliegenden Struktur, eingewoben sind. Foucault hat eine philosophische Zeitbombe gelegt, aber wann sie explodieren wird, hängt vom richtigen Zeitpunkt ab, zu dem wir den Auslöser ziehen. Vielleicht wird ihm diese Zeitbomben-Metapher mißfallen, denn Foucault ist ein sehr bescheidener Mann; jedenfalls aber wird einige Zeit vergehen, bis die in seinen vielfältigen Analysen der Macht entwickelten Begriffe in unsere ideologisch verhärteten Schädel eindringen werden – in einer Situation, wo wir einer Vielfalt von Mächten unterworfen sind.

Indessen fand Jacques Lacan in seinen *Ecrits* und *Seminaires* zu einer Ironie hinsichtlich der psychoanalytischen Praxis, die ihn inmitten der Scharen von Schülern isolierte, denn sie begriffen nicht, daß das »Unbewußte« des Patienten sich in Opposition zum Unbewußten des Analytikers stellt, der letztlich durch einen Ansturm anderer Unbewußte(n) (der *phänomenologisch* wahren symbolischen Ordnung, die kein andrer Gott setzt als das eigne Selbst), geleitet oder fehlgeleitet wird. Kollegen und Schüler von Lacan haben andere konkrete Arbeitssituationen begründet – Jean Oury (zusammen mit Félix Guattari und Jean Claude Pollack) in der Klinik von La Borde (»institutionelle Therapie« nach Lacan'schem Vorbild) und Maud Mannoni in einer Kinderklinik in Bounneuil (*Un Lieu pour Vivre*, Seuil, 1976; dt. Übs.: *Ein Ort zum Leben*, Syndikat, Frankfurt 1978).

In Frankreich ist die Theorie weit voraus. Dort konzentrieren sie sich auf das »Begehren«, in Italien auf die »Bedürfnisse«. Die Auflösung dieses Unterschieds muß von anderswo her erfolgen, nämlich von einem Ort, wo wir unser Verlangen in grauen-volle Regionen wie unsre eigene Verrücktheit, unsern eignen Orgasmus, unseren wieder angeeigneten Tod ausdehnen. Und dann *brauchen* wir diese Dinge so lebensnotwendig wie die Luft, die wir atmen – ein letzter Wunsch nach der Fülle des Grauens: es bewohnbar zu machen.

Robert Castel schrieb *Le Psychanalysme*, 1973 (dt. Übs.: *Psychoanalyse und gesellschaftliche Macht*, Fischer Athenäum, Frankfurt 1975), eine Kritik am schleichenden Vordringen der familialistischen psychoanalytischen Ideologie in alle Institutionen der bourgeoisen Gesellschaft. Dies ist die kompetenteste, endgültige Kritik der Psychoanalyse vom Standpunkt einer politisch bewußten Soziologie. Wir sollten hier auch das Buch von Bernard de Fréminville, *La Raison du Plus Fort*, 1977, anführen, in dem die Entwicklung der therapeutischen Techniken der Psychiatrie seit dem 19. Jahrhundert bis heute unter dem Gesichtspunkt einer Unterjochung der *Körper der Opfer* analysiert wird (fortgesetzt, in Richtung gegen die Psychiatrie, im ersten Band von *L'Ordre Psychiatrique*, 1977).

1972 erschien *Anti-Oedipe* (dt. Übs.: *Anti-Ödipus*, Suhrkamp, Frankfurt 1974) von Gilles Deleuze und Félix Guattari; eine wunderbare Vision der Verrücktheit als einer revolutionären Kraft, eine dechiffrierende, Grenzen aufhebende Ablehnung der Fixiertheit und Außendefinition durch die »Schizophrenie« (die Autoren beharren auf diesem Terminus), im Gegensatz zum paranoid-faschistischen Extrem und als Überschreiten des ödipalen, familial-neurotischen Zustands der Nicht-Existenz (paranoid-faschistisch im Gegensatz zur revolutionären Schizophrenie – aber sie machen klar, daß der »Schizophrene« nicht der »Revolutionär«, und auch der »Revolutionär« nicht schizophren ist). Die Autoren wenden tatsächlich die psychoanalytische Sprache und den Diskurs von Saussure (und seiner Nachfolger) gegen sich selbst und vollbringen damit einen bereits historischen Akt der Überschreitung.[12]

Seit 1968 gibt es in Frankreich eine lebendige praktische wie theoretische Bewegung. Kommunegruppen wie *Le Vouvray* (in Verbindung mit Pierre Gay) und *La Brêche* (zusammen mit Axel Horst und Marcos Einis und ihren Genossen), sowie eher politische Gruppierungen wie GIA *(Groupe d'Information sur les Asiles)*, *Gardes Fous;* ferner Organisationen von psychiatrischen Pflegern, die AERLIPP. Auch Roger Gentis, der gegen alle Widrigkeiten den Kampf in einer großen psychiatrischen Klinik fortsetzt, hat eine Reihe brillanter, umgangssprachlich farbiger Polemiken gegen die Psychiatrie veröffentlicht, wie z. B. *Les murs de l'asile*, Paris 1970.

Aber erst im Januar 1975, in Brüssel, liefen all diese Fäden von Theorie und Praxis zusammen, nämlich im *Réseau International »Alternative à la Psychiatrie«* (vgl. *Réseau-Alternative à la psychiatrie*. Collectif international, Paris 1977) (oder, wie ich lieber sage: gegen psychiatrische und *alle* Formen der institutionellen Repression). Bewegungen wie *La Gerbe* in Belgien sowie manche der oben genannten französischen Bewegungen, die sehr starke italienische Bewegung gegen die psychiatrische Repression, vor allem in der *Psichiatria Democratica* organisiert, Gruppen von Arbeitern aus Spanien und Portugal (und später auch Einzelne und Gruppen aus Westdeutschland und der Schweiz), kamen zusammen, um ihre Bemühungen in einer dezentralisierten Anti-Organisation zu koordinieren, bei permanent wechselndem Sekretariat,[13] was die personale Besetzung und die Internationalisierung der Versammlungsorte des Netzes betrifft. Da es eine Anti-Organisation ist, läßt sich schwer sagen, wohin dieses Netz führen wird. Es wird sich wahrscheinlich wandeln und eine der vielen verschiedenen Gruppierungen werden, die in dauernden Begegnungen von Arbeitern gegen die psychiatrische Repression in vielen Ländern entstehen und die nur im Lauf der sich entfaltenden Krise des Kapitalismus Stoßkraft gewinnen können. Wir alle riskieren jederzeit die Entmündigung – einige aber mehr als andere; so z. B. Ramón Garcia, der in Santiago de Compostela, Spanien, arbeitet, und Wolfgang Huber vom SPK in Heidelberg. Das Ziel des bereits erwähnten SPK war, die »Krankheit« als Waffe gegen den Irrsinn des kapitalistischen Systems einzusetzen; schließlich arbeiteten an die 500 Patienten und etliche Ärzte in einer Selbstverwaltung zusammen, bei der die Patienten ihre eigene Krankheit kontrollierten und Kontrolle der psychiatrischen Klinik gegen die reaktionäre Macht der Ärzte verlangten.

Der jetzige Sekretär des *Réseau International* ist der in Brüssel arbeitende marokkanische Psychiater Mony Elkaim. Seine

Arbeit knüpft an (seine) früheren Erfahrungen in der New Yorker südlichen Bronx, 1970, an, als Militante eine Station im Lincoln Hospital besetzten und das *Lincoln Detox Programm* für Heroinsüchtige initiierten – ein Programm, bei dem für zehn Tage die ebenso süchtig machende Droge Methadon abgesetzt und politische Erziehungsarbeit geleistet wurde, gefolgt von der Integration der Leute in die hauptsächlich puerto-ricanische Gemeinschaft, wo politisch sehr bewußte Gruppen, etwa die *United Bronx Parents*, seit 1966 die Selbstverwaltung in vielen Bereichen des Lebens, auch der Gesundheitspflege, übernommen hatten. Was Mony Elkain tut, ist Nicht-Psychiatrie, denn er und seine Freunde versuchen politische Arbeit ohne jeden Rückgriff auf ärztliche Macht oder therapeutische Technik zu leisten. Er weigert sich nur, seine Arbeit theoretisch auszubauen – in einem sub-proletarischen Milieu mit vielen Arbeitsemigranten im Brüsseler Stadtteil Skaarbek –, sagt aber, daß er dort lediglich als Katalysator fungiere und vernünftige Formen der Begegnung herstelle, die in dieser atomisierten Gemeinde sonst nie entstehen könnten. So etwa kann es geschehen, daß ein Jugendlicher von der Schule verwiesen wird und sofort mit der Polizei in Konflikt kommt. Es wird eine Versammlung einberufen, bei der der Junge und seine Familie, seine Freunde, deren Familien, dazu fünf oder sechs *andere* von der Schule geflogene Jungen, deren Familien und Freunde und die Schulleiter zusammenkommen. Das Problem wird nicht als individuelles Problem oder gar als »familiäre Psychopathologie« – fehlender Vater usw. – aufgefaßt, sondern die Gruppe findet sich schnell in politischer Solidarität zusammen, und der Schulleiter spricht von zu hoher Bevölkerungsdichte im Stadtteil, zu wenig Geld, von den Pressionen, um die Schülerzahl klein zu halten; und dann wird eine Aktionsgruppe gebildet, oder zumindest ein Kern sich ausbreitenden politischen Bewußtseins, natürlich ohne jedes »Bedürfnis« nach dirigistischer Intervention. Indem die Menschen auf diese Weise die Gemeinsamkeit ihrer Probleme erkennen, wird ihnen nicht nur ihre Unterdrückung bewußt, sondern auch die Art, *wie* sie unterdrückt werden.

Mony Elkaim will sich zwar nicht theoretisch zu seiner Arbeit äußern; aber bei den verschiedenen politischen Gruppen, die ich kennenlerne – Gruppen von Psychologiestudenten an der Universität von Vincennes[14], Sozialarbeiter, Basisgruppen, habe ich festgestellt, daß es auf theoretischem Gebiet einen zunehmenden Konsensus über gewisse Strategien gibt. Die repressive Staatsmacht bleibt für das unterdrückte Individuum unfaßbar und anonym, solange der Betreffende nicht in einer Versammlung oder Begegnung mit anderen erkennen kann, wie die Repression sich ihm konkret durch die Institutionen, in die seine Existenz eingebettet ist, vermittelt. So eignen sich die Menschen die im abstrakten System aufgehobene Macht wieder an (die ihnen von den Agenten dieses Systems gestohlen wurde), und sie werden potent, indem sie die Impotenz des Systems erkennen. Da gibt es irgendwo in einem Stadtteil ein Problem von »Abweichung« (Verrücktheit oder Delinquenz: madness or badness) und da sind aktive Leute, die ein Netz bilden und sich weigern, beim einzelnen persönliche oder familiäre Probleme zu sehen. Dieses Netz von 40, 50 oder 60 Menschen wird gebildet von Familienangehörigen, Freunden, Arbeitskollegen, Gewerkschaftsvertretern, Lehrern oder vielleicht auch Ärzten, und in Städten mit »roter« Administration sogar Polizisten (was in manchen Teilen Europas, wo die Polizisten ihre Klassenherkunft erkennen, zunehmend möglich wird). Das »persönliche« Problem wird im Kontext der politischen Widersprüche gesehen, deren Ausdruck es ist. Dann gibt es ein weiteres Problem, und es bildet sich ein weiteres Netz, und so gibt es ein Ineinandergreifen vieler Netze, die als sich selbstverwaltende Zentren politischer Erziehung im jeweiligen Stadtteil und dann auch in anderen Stadtteilen arbeiten. In dem Maß, wie die ökonomische Krise sich verschärft und revolutionäre Situationen wie 1968 entstehen, werden wir hoffentlich genügend »befreite Gebiete« politischen Bewußtseins in den Städten haben, um nicht zurückgeworfen zu werden. Wenn die Möglichkeit solcher Aktionsformen in den latein-europäischen Ländern heute viel realer sind, dann gibt es keinen »treffenden« Grund, warum sie nicht auch in anderen kapitalistischen Ländern entstehen sollten (obwohl es viele »Gründe, warum nicht« gibt, die den allgemeinen Zusammenbruch des Kapitalismus nicht ausreichend berücksichtigen).

Und das bringt uns zur »italienischen Erfahrung«. Diese ist ein eigenartiges Konglomerat von (1) scheinbar eindeutig liberalen psychiatrischen Fortschritten – die Patienten wurden freigelassen, die Türen der psychiatrischen Kliniken geöffnet, die Elektroschockbehandlung wurde abgeschafft, und man hat wenigstens ein schlechtes Gewissen bei psychiatrischen Perversionen wie der Zwangseinweisung; (2) antipsychiatrischen Praktiken – etwa Negation der Institution und später Zerstörung der psychiatrischen Institution von innen; (3) nicht-psychiatrischen Ansätzen, gegen und über die medizinische Machtbefugnis hinaus, die zur gesellschaftlichen Wiederaneignung/Wiedergewinnung der Verrücktheit als Bestandteil der Kultur eines Volkes, als Teil einer totaleren Subversion des bürgerlichen Geistes führen.

Zu Beginn der 60er Jahre schufen (alphabetisch aufgezählt) Franco Basaglia, Franca Basaglia-Ongaro, Nico Casagrande, Giovanni Jervis, Pirella, Slavich und andere Arbeiter im rückständigen psychiatrischen Krankenhaus Gorizia, nahe der jugoslawischen Grenze im Nordosten Italiens, eine neue Situation. Sie führen Programme durch, die auf eine Liberalisierung wie auf die anti-psychiatrische Zerstörung der psychiatrischen Klinik von innen zielten (die »Negierte Institution«). 1968 spaltete sich die Gruppe. Jervis ging nach Reggio Emilia, Pirella nach Arezzo. Die Bewußtwerdung von Studenten und Arbeitern in den Revolten 1968-9 war ein notwendiger, katalysierter Katalysator, und durch die Studenten, die von der neuen politischen Psychiatrie inspiriert worden waren, wurde wiederum diese inspiriert. In Gorizia blieb ein Kern von bewußten Arbeitern zurück, die das Errungene zu halten suchten. Basaglia arbeitete ab November 1970 ein Jahr in Parma – unter einer »roten« Provinzverwaltung. Dann übernahm er den Posten eines ärztlichen Leiters in Triest, und der größte Teil des ärztlichen und des anderen Personals aus Parma folgte ihm dorthin – in eine Situation, die zwar im Zeichen einer christdemokratischen Verwaltung stand, die aber eine auch für Italien bemerkenswerte politische Mobilität der Gesundheitsarbeiter zeigte. So wurde in Triest die Klinikbelegschaft halbiert und später noch weiter verringert.

Doch für die Opfer der Psychiatrie waren andere Dinge

wichtiger: Versammlungen, auch wenn sie mitunter wirr und durch hoch-theoretische Analysen der Bedürfnisse belastet waren: »wer braucht was?« – und vor allem: was brauchen die »Heiler«? – Patienten, Pfleger und Ärzte diskutierten untereinander (aber immer unter Beteiligung der »Patienten«) und öffentlich die Widersprüche ihrer Arbeit *im Verhältnis* zu den Widersprüchen der kapitalistischen Gesellschaft und im Verhältnis zu/mit den lokalen Organen der politischen Macht. Die Patienten hörten, wie die Ärzte selbstkritisch über technische Mittel zur Zerstörung der Technik sprachen (deren Notwendigkeit den Patienten ohnehin klar ist – aber jetzt wurden sogar *sie* gehört). Die Leute versammelten sich auf jeder »Ebene«, und das politische System der Klassenherrschaft sowie sein Ausdruck in der Psychiatrie wurden zunehmend in Frage gestellt. Verrückte und Randgruppen fanden seither zur Solidarität mit der italienischen Arbeiterklasse und mit allen unterdrückten Völkern. Und noch eines: es genügte nicht, die Administration als »rot« zu bezeichnen – es kam darauf an, sie auch wirklich rot zu *machen*.

Man diskutierte die Arbeitsbedingungen der Pfleger (der Pfleger als Hauptpersonen auf der Bühne dieses Dramas) – aber man diskutierte sie im Kontext des Abbaus hierarchischer Macht und der Selbstverwaltung. Vor allem wurden die Gewerkschaften der Pfleger an allen Diskussionen und an allen praktischen Problemen beteiligt. Und die Gewerkschaften fingen allmählich an, die Probleme der psychiatrischen Repression und Marginalisierung zu begreifen.[15]

In Triest wurde – in Gaspare Gozzi – eine Herberge für ehemalige psychiatrische Patienten und »Abweichende« aller Art eingerichtet (für Menschen, deren »Arbeit« nicht als profitable »Arbeit« für das System anerkannt wird: das Subproletariat, auf dessen Rücken sogar noch die wirklichen Proletarier, zusammen mit der herrschenden Klasse sitzen). Parallel zum Abbau der psychiatrischen Klinik von Triest ging in Gaspare Gozzi die Macht allmählich aus den Händen der Ärzte und Pfleger in die Hände junger Nicht-Mediziner über: junger Soziologen, politischer Aktivisten, und schließlich in die Hände von Leuten, die gelernt hatten, selbständig mit den Behörden zu verhandeln. Ärzte werden nur in den

– seltenen – Fällen geholt, wo sie *medizinisch*, aber nicht psychiatrisch gebraucht werden. Es bleibt aber abzuwarten, wie weit das medizinische Modell wirklich abgebaut und in den Strukturen, die nach der Schließung der psychiatrischen Klinik errichtet wurden, überwunden ist. Wir haben Grund zu befürchten, daß die »Sucht« der Psychiater nach ihrer Rolle nie durch »Selbstbehandlung« geheilt werden kann, denn hier geht es um die politische Frage der Abschaffung dieser Rolle.

Giovanni Jervis wurde 1969 von einer »roten« Verwaltung nach Reggio Emilia – einer Region mit starker antifaschistischer Kampftradition – eingeladen, den Posten eines Leiters der psychiatrischen Präventivhygiene zu übernehmen. Tatsächlich aber setzte er sich mit Gruppen von Bauern und Arbeitern zusammen und hielt ganz unorthodoxe Pflegekurse auf der Basis eines politischen Bildungsprogramms – aber er lehrte sie auch die Sprache der Psychiatrie. Die Leute aus den Dörfern der umliegenden Berge kamen in die Stadt, um ihre Verwandten und Freunde aus den psychiatrischen Anstalten zu befreien. Überall sprechen Pfleger und Pflegerinnen die gleiche Klassensprache und Körpersprache wie die Patienten, und diese stets latente Solidarität wird nur durch die Teile-Und-Herrsche-Taktik der herrschenden Klasse aufgebrochen, die es den Arbeitern erschwert, ihre Solidarität – besonders im kritischen Fall der Verrücktheit – zu erkennen. Jervis' *Manuale critico di psichiatria* (1975 dt. Übs.: *Kritisches Handbuch der Psychiatrie*, Syndikat, Frankfurt 1978) illustriert sein Programm der politischen Bildung für Gesundheitsarbeiter (Personal des psychiatrischen Dienstes), die die bürgerlichen Kategorien der Psychiatrie erst noch lernen müssen, um sie effektiv zu beseitigen. In einem Punkt – aber dies ist ein wesentlicher Unterschied – weiche ich von Jervis' Auffassung ab, nämlich wenn er beim Verrückten einen Mangel an Autonomie sieht (er bezeichnet ihn immer noch, wenn auch ironisch, als »Schizophrenen«); es gibt keine eindeutige Überschreitung der »Psychose« durch Verrücktheit. Die Verrücktheit sucht »ihre« (eigene) universelle Autonomie und wird sie finden. Die »Psychose« wird mit der Psychiatrie untergehen. Ihre Rolle ist ausgespielt.[16]

Nicht erwähnt habe ich die vielen wichtigen Arbeiten, die in Italien neben den bereits zahlreich publizierten Aufsätzen von Basaglia und seiner Gruppe oder von Jervis herausgebracht wurden, auch nicht die Publikationen von *Psichiatria Democratica* oder *Magistratura Democratica*, den politisch bewußten, aktiven Organen von Berufsgruppen der Psychiatrie-Arbeiter und Juristen. Oder die Arbeit in Arezzo (mit Pirella), Rom, Perugia, Neapel usw. Ein Großteil dieser Arbeit wird von Leuten ohne besondere journalistische Begabung in den *»Fogli di informazione«* (Editrice Centro di Documentazione – Pistoia) dokumentiert. Ein größerer Teil wartet noch darauf, daß Leute mitmachen, die bereit sind, ihren faulen Arsch zu lüpfen, um etwas zu tun in einer Welt, in der so viele Dinge geschehen. Wie etwa in Neapel, wo Menschen sich in Wohnungen zusammentun, nicht um die berühmte »Reise durch die Verrücktheit« anzutreten, sondern um einander im verzweifelten Bemühen um ihre Gesundheit gegen die herrschende Zerstörungsmacht beizustehen. Und schließlich öffnen sogar Familien sich als Mikro-Gruppen, als Paare usw. im Kampf gegen diese Macht.
Mario Tommasini und ein paar Genossen trafen sich 1965 in Parma. Zuvor hatte Mario 15 Jahre als aktives Mitglied in der Kommunistischen Partei Italiens gearbeitet – er war als Gasometer-Ableser beim Staat angestellt. Dann aber organisierte er – gegen die rote Provinzverwaltung, der er und seine Genossen zur Macht verholfen hatten – die Besetzung der psychiatrischen Klinik von Parma. Binnen vierzig Tagen der Besetzung schafften die Genossen es, die Insassen durch politische Erziehung über die Realitäten der Verrücktheit aufzuklären. Die Verrückten waren unsere Genossen – ihr Kampf war auch unserer: wir als Arbeiter standen ihnen, ebenfalls unterdrückten Arbeitern, zur Seite.
Die praktischen Folgen waren, daß ein Waisenhaus und ein Jugendgefängnis alle ihre Bewohner verloren, daß vier selbstverwaltete Arbeitsstellen für ehemalige psychiatrische Patienten geschaffen wurden und viele andere Möglichkeiten, die den Menschen einfach durch die Mystifikation der Tatsache ihrer Ausbeutung bis dahin verborgen geblieben waren. Freud ahnte nichts von solchen Möglichkeiten, und

auch Tommasini wußte – vor seiner Aktion – nichts davon. Aber wenn wir unseren wahren Instinkten folgen, erreichen wir andere Möglichkeiten.

Denn die Macht, die *unsere* Macht erfindet, und die wir jetzt finden, allerorten und durch alle Räume, wo sie aus dem Nest des Systems in ihre eigene Freiheit fällt ... diese Macht machen wir zur Grundlage unserer Disziplin, zum System unserer Unordnung – dann zu unserer persönlichen Restrukturierung und zur Rekonstruktion der Gesellschaft.

Zum Abschluß können wir sagen, daß es zwar anti- und nicht-psychiatrische Bewegungen gibt, aber keine Anti- oder Nicht-Psychiater, wie es auch keine »Schizophrenen«, »Süchtigen«, »Perversen« oder welche psycho-diagnostischen Kategorien auch immer gibt. Wohl aber gibt es Psychiater, Psychologen und andre Psycho-Techniker aller Art. Deren Existenz ist prekär: Wenn es für sie keine Rollen mehr gibt, nach denen sie leben können, dann steht ihre Sicherheits-Identität auf dem Spiel – auf dem letzten Spiel. Die Psychiater und ihre ganze Kannibalenhorde haben lang genug ihr perverses Spiel mit uns getrieben, uns mit massiven Neuroleptika, Injektionen, Schocktherapien, Interpretationen nach der Stimme ihres Herrn und mit ihren Projektionen schlachtreif gemästet – nur aus Angst vor ihrer eignen Verrücktheit, ihrem Neid auf die Verrücktheit anderer und ihrem Haß auf die Realität menschlicher Unterschiede: die Autonomie. Obwohl wir's satt haben, werden wir sie verschlingen. Auch wenn sie nur ein kleiner Braten sind, werden sie rascher als rasch garbrutzeln, weil sie gewöhnt sind, weißer als weiß zu waschen.

Zwei Dinge bleiben zu tun: erstens die endgültige Vernichtung des Kapitalismus und des ganzen mystifizierenden Ethos vom Privateigentum; zweitens die soziale Revolution gegen jede Form der Repression, jede Vergewaltigung der Autonomie, jede Art der Überwachung und jede Technik der Seelenmanipulation – die soziale Revolution, die vor, während und immer wieder nach der politischen Revolution, die zur klassenlosen Gesellschaft führt, stattfinden muß.

Falls diese Dinge nicht innerhalb dieses Jahrhunderts geschehen, also noch bei Lebzeiten der meisten von uns, dann ist unsere Spezies zur schnellen Auslöschung verurteilt. Gesetzt den Fall, unsere Spezies würde nicht ausgelöscht, sollte sie es doch werden, denn sie wird dann nicht mehr als menschliche Spezies bezeichnet werden können. Es ist nicht wahr, was die Philosophen des Pessimismus sagen, nämlich daß das Schreckliche immer geschehen sei (Heidegger); aber es ist wahr, daß das Schreckliche uns bedroht, und es ist wahr, daß es keine Hoffnung gibt.

Es gibt nur den unaufhörlichen gnadenlosen Kampf, und *das* ist die permanente Schaffung des Erhofften ... eine vergessene Absicht.

Nach der Zerstörung der »Psychose« und der Überschreitung jener Strukturen, die sie für ihr System erfunden haben, können wir uns auf die Abschaffung der Verrücktheit und des Wortes »Verrücktheit« besinnen. Zuerst aber sehen wir uns den herrschenden Zustand näher an: der Verrückte in der psychiatrischen Institution steht, kurz gesagt, vor einer dreifachen Unmöglichkeit:

1. *Falls er lügt*, gerät er in eine willfährige Scheinbeziehung mit dem Psychiater, er verrät seine eigene Erfahrung; er ermordet seine eigne Realität und wird wahrscheinlich ohnehin nicht in einer Situation funktionieren, in welcher der (respektable) andere schon durch seine Rolle so definiert ist, daß er hinsichtlich der Realität ihm immer was voraus hat.

2. *Falls er die Wahrheit sagt*, wird er mit allen verfügbaren Techniken zerstört, denn wer dürfte es wagen, Dinge auszusprechen, die die armseligen Grenzen der normalen Sprache überschreiten, wie die herrschende Klasse und all ihre Psychoagenten sie uns aufzwingen. Vor solch selbstmörderischem Trotz muß er geschützt werden. Logischerweise kann er vor diesem Selbstmord durch den simplen Akt des Mordes geschützt werden.

3. *Falls er schweigt*, wird er gezwungen, akzeptablen Blödsinn zu plappern (denn ein Rückzug in sich selbst würde als katatonisch oder paranoid aufgefaßt – als gäbe es nicht Grund genug zum Mißtrauen in der psychiatrischen Situation oder in all den anderen, durch die Psychiatrie geschaffenen repressiven Situationen).

Die Schizophrenie existiert nur als ausbeutbare Fiktion.

Verrücktheit existiert als Wahn, der darin besteht, eine un-

sagbare Wahrheit in einer unsäglichen Situation auszusprechen.
Verrücktheit ist heute eine universelle Subversion, die von den sich ausbreitenden Kontroll- und Überwachungssystemen überall wie rasend verfolgt wird. Ihr Ende wird sie finden mit dem Sieg aller Formen des subversiven Kampfes gegen Kapitalismus, Faschismus und Imperialismus, aber auch im Kampf gegen die massiven, unverdaulichen Reste der Repression, die es heute im bürokratischen Sozialismus gibt, wo man noch auf die soziale Revolution wartet, die hinter der vordringlicheren politischen Revolution zurückgeblieben ist – verständlich vielleicht, aber niemals entschuldbar.
Die Zukunft der Verrücktheit ist ihr Ende: ihre Verwandlung in universelle Kreativität, und dies ist auch ihr verlorener Ursprungsort.
Philosophische Systeme bestehen aus Wortspiralen, die in immer engeren Windungen auf einen spezifischen Punkt hinstreben, der real, aber unbegreiflich (jenseits der Begriffe) ist – in Worten nicht direkt aussprechbar, obgleich die Worte, die mit absteigender Spirale immer weniger werden, vielleicht darauf hinweisen.

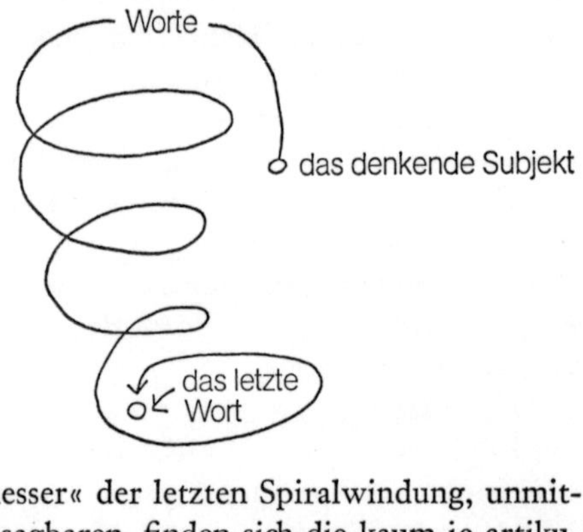

Auf dem »Durchmesser« der letzten Spiralwindung, unmittelbar vor dem Unsagbaren, finden sich die kaum je artikulierten Wörter der Sprache der Verrücktheit und die noch seltener artikulierten Wörter der Poesie. Und dann kommt der Sprung ins Nichts, das nur noch einen Ort hat, der erst anfangen kann, seinen Ort in einer verwandelten Welt zu finden. In der letzten Spiralwindung kommt die idealistische Philosophie endlich zum Schweigen, weil sie nicht mehr ertragen kann, was nicht zu artikulieren ist – sie kann nichts aus einem Nichts machen, das nirgendwo »sonst« ist. Die materialistische Philosophie macht aus dem, was jenseits der Wörter der Spirale des plappernden Diskurses liegt, Materie.

Indem wir das letzte Wort aus dem Durchmesser der letzten Spiralwindung verlieren, werden wir endlich wissen, was es heißt, wenn wir sagen:

Es gibt nichts zu fürchten
Besonders Nichts.

Noch eine Reflexion

Wenn ich mich in diesem Augenblick umsehe, wo ich mich eben befinde, an der Kreuzung *rue des entrepreneurs/rue de commerce* im 15. Arrondissement in Paris, dann frage ich mich und dich, den kleinen anderen, der anders als der große Andere in mir versteckt ist – den anderen, von dem ich erwarte, daß er dem Sinn einen Anfang gibt. Ich sehe alte Menschen sterben, weil sie nicht genug Fleisch und Protein haben, ich sehe Leute, die keine Arbeit haben, junge Menschen, die nie eine Arbeit finden werden, die ihrem Leben Sinn gibt; und ich frage dich: was denkst du darüber?

Wir alle werden durch die Macht in ihren vielfach besonderen Formen unterdrückt. Wir werden uns der Mächte bewußt, wo immer wir stehen, und wir erarbeiten unsere kollektiven Analysen dieser Mächte, wo immer und wie immer wir auf der Tafel der bourgeoisen Entomologen festgenagelt sein mögen.

In Paris – wie auch sonstwo – gibt es z. B. zwei Dinge, die wir gleich jetzt tun können:

1. Nehmen wir irgend ein Arrondissement in Paris, arbeiten wir mit dissidenten Gesundheits-Arbeitern in den Asylen und in den *Sektoren* zusammen, in allen Institutionen, die es in diesem Teil der Stadt gibt (Beratungsstellen für nicht hospitalisierte Patienten, Ambulanzen und dergleichen). Und zwar in einer Aktion, die den Sektor nicht direkt be-

droht, sondern ihn benutzt und mit seinen inneren Widersprüchen wie auch mit seinen Dissidenten arbeitet – den verrückten Dissidenten und den professionellen Verrückten.

Darüber hinaus geht es nur darum, die Gemeinschaft für die Möglichkeit zu sensibilisieren, daß sie ihre eigenen natürlichen menschlichen Ressourcen einsetzt, um eine nichtmedizinische entprofessionalisierte Selbstverwaltung ihrer Verrücktheit und ihrer »emotionalen Probleme« zu erreichen. Mit jedem Stück Wahnsinn, das nach Ausdruck verlangt, tun wir den Schritt hinaus in die politische Realität, und damit zeigen wir, daß der Ursprung unserer scheinbaren Verrücktheit nicht in uns, sondern draußen in der Welt liegt. In dieser äußeren Welt werden wir dann den Sinn dieser unsrer Verrücktheit finden.

Wenn du weißt, wo du stehst, kannst du hingehen, wo du willst. Wenn du das System und die Tatsache deiner Unterdrückung gut genug kennst, wirst du sie in deiner Lebenszeit und in der Lebenszeit deiner Genossen loswerden. Wie Tommasini und seine Genossen es in Parma taten. Schluß mit den kleinen Schlupflöchern für die verrückt spielenden Privilegierten.

2. Nehmen wir irgend ein Departement in Frankreich oder irgend ein empirisches Feld und untersuchen wir die spezifischen Formen des Scheiterns der Sektorisierung – diese Einrichtung von Familienasylen durch langwirkende neuroleptische Injektionen –, und finden wir Wege zur politischen Mobilisierung der natürlichen menschlichen Ressourcen des Volkes.

Wo wir es mit Verrücktheit zu tun haben, gibt es keine andere Waffe als eben die unsrer eigenen Verrücktheit. Akademische Qualifikationen machen aus ihrem eignen Anspruch Nonsens. Schluß mit der weiteren Multiplikation von Schulungsprogrammen zum Studium der PSI.

Wir erwarten unser politisches Schicksal. Aber wir warten ohne Erwartung. Weil wir wissen, daß die Hoffnung im Endkampf liegt, und *der Endkampf ist der Kampf ohne Ende.*

Anhang 1

Was ist Schizophrenie?[1]

Da alle von mir erwarten, daß ich es sage, darf ich wohl mit der Feststellung beginnen, daß Schizophrenie nicht existiert. Die besondere Art ihrer Nicht-Existenz aber wirft viele semantische und philosophische Fragen wie auch eine Reihe sozial-geschichtlicher Probleme auf.

Die »Nicht-Existenz« der Schizophrenie bedeutet einfach, daß keine Krankheitsentität im üblichen medizinisch-nosologischen Sinn festgestellt wird: eine (mehr oder minder) einheitliche Sammlung objektiver Zeichen und objektivierbarer Symptome, für die es eine Ursache gibt oder für die eine Ursache gefunden werden muß. Es geht um die Relevanz dieses Denkens hinsichtlich gewisser Formen menschlicher Erfahrung und menschlichen Verhaltens – die klassifizierende Methode und das kasuistische epistemologische Modell. Wenn ich hier von »Schizophrenie« spreche, dann setze ich das Wort stets implizit in Anführungszeichen. Ganz gewiß aber propagiere ich keine soziale oder soziopsychologische Ätiologie der Schizophrenie – im Gegensatz zu einer organischen oder als Teil einer komplexeren Ätiologie, die alle unterschiedlichen Faktoren einbezöge. Es wäre ein vergebliches Spiel, da doch alles sich um eine »Entität« drehen würde, die von vornherein nicht existiert.

Während Schizophrenie also nicht existiert, *existiert die Verrücktheit allerdings.*[2] In einer halb-geheimen, esoterischen Medizinersprache wird das Etikett »Schizophrenie« der großen Mehrheit aller Menschen angeheftet, die sozial als verrückt gelten. Die Verrücktheit ist in jedem von uns latent vorhanden als Möglichkeit einer beinah totalen Destrukturierung der normalen Strukturen unserer Existenz im Hinblick auf die Restrukturierung einer weniger entfremdeten (d. h. von internalisierten Kräften der »Andersheit« beherrschten) Existenzform in einem neuen persönlichen Raum: Desintegration – Reintegration; Tod – Wiedergeburt. Nur wenn jemand an einem willkürlich bestimmten Punkt aufhört, den gesellschaftlichen Konventionen zu gehorchen, gilt er sozial als verrückt, und an diesem Punkt in der bürgerlichen Gesellschaft, an diesem Punkt in der Geschichte, kommt der medizinische Apparat ins Spiel. Wenn das abweichende Verhalten nur genügend obskur, genügend unbegreiflich und für den normalen Menschen beängstigend ist, *weil es die erschreckenden Möglichkeiten von Tod/Wiedergeburt in jedem einzelnen anspricht*, wird dem betreffenden für gewöhnlich das stigmatisierende Etikett »schizophren« angeheftet. Anders verhält es sich im Fall des »manisch-depressiven« Zyklus, denn wir alle sind von Zeit zu Zeit ein wenig manisch oder depressiv, und daher ist dies bis zu einem gewissen Maß verständlich; schwierig ist es auch im Fall eines Menschen, der einen Gehirntumor hat oder der gewisse Drogen nimmt. Im Fall der Schizophrenie aber haben wir es anscheinend mit letztlich unbegreiflicher Verrücktheit zu tun.

Dies ist nicht immer so gewesen. Wie Michel Foucault – in *Wahnsinn und Gesellschaft* – gezeigt hat, wurde die Verrücktheit im mittelalterlichen Europa als eine andere Form des Daseins und des Wissens respektiert, vielleicht als Privileg mit direkterem Zugang zum Himmel. Erst nach der sogenannten europäischen Renaissance mit ihrem aufblühenden Merkantilismus und den ersten Anfängen des Kapitalismus begann im 17. und 18. Jahrhundert der *Ausschluß* der Verrückten aus der Gesellschaft; da gab es die Narrenschiffe, die endlos über die Flüsse und Kanäle Europas gondelten; ferner die Einschließung der Verrückten in den eben freigewordenen Lepraasylen. Dieser Ausschluß der Verrückten ging Hand in Hand mit einer extremen Einengung der Vernunft im pragmatischen Interesse der entstehenden Bourgeoisie. Ich glaube, wir müssen unterscheiden zwischen Vernunft und Wissen. Vernunft und Unvernunft sind beides Formen von Wissen. Verrücktheit ist eine Form von Wissen, eine andere Art der empirischen Erforschung der »inneren« und »äußeren« Welt. Der Grund für die Ausschließung und *Entmündigung* der Verrücktheit ist kein rein medizinischer, auch kein rein gesellschaftlicher: sondern, wie ich zeigen will, ein politischer. Im 19. Jahrhundert, mit der vollen Entfaltung des Kapitalismus in Europa, wurden Ausschließung und Kontrolle der Verrückten absolut, und die

Psychiatrie entwickelte sich als Zweig der Medizin – mit aller Achtbarkeit, aller Geheimniskrämerei und all den Sondervollmachten des medizinischen Ordens, der die Verrückten im Namen des neu entstandenen bourgeoisen Staates kontrollierte. Im 20. Jahrhundert, mit all seinen Mystifikationen »liberalen Fortschritts«, ist diese Kontrolle noch intensiver und extensiver denn je, besonders bei vielen »Patienten«, die außerhalb der Anstalten leben.

In den 50er und frühen 60er Jahren wurden viele Arbeiten veröffentlicht, die das traditionelle medizinische Konzept der Schizophrenie, wie es sich seit den Zeiten Kraepelins und Bleulers beinah unverändert erhalten hatte, in Frage stellten – die Einsichten der Psychoanalyse hatten lange Zeit nur geringe Folgen für Praxis und Diagnose der klinischen Psychiatrie. Ich will hier nicht auf die klassischen, entmythologisierenden Arbeiten von Thomas Szasz eingehen, noch will ich versuchen, die von Theodore Lidz, Lyman C. Wynne und anderen erarbeiteten Erkenntnisse über die Familien von Schizophrenen wiederzugeben, denn diese Arbeiten sind inzwischen allgemein bekannt und zumindest kritisch anerkannt. Die in praktischer Hinsicht wohl bedeutsamste Arbeit wurde 1956 von Gregory Bateson und der Palo-Alto-Gruppe publiziert; sie legten damit eine provisorische Theorie der Schizophrenie vor, die von einer kommunikativen Pathologie ausging.

Diese Arbeit aber stellte die Auffassung der Schizophrenie als einer Krankheitsentität mitnichten in Frage, und sie hielt sich im begrifflichen Rahmen der Medizin, jedenfalls widersprach sie ihm nicht. Die *double-bind*-Theorie verlagerte den Schwerpunkt entscheidend von einer mechanistisch-organischen Auffassung zu einer mikro-sozial interaktionistischen Betrachtungsweise. Die *double bind* ist natürlich in Wirklichkeit eine *triple bind*, und der dritte Befehl, der besagt, daß das Feld des durch die beiden ersten Befehle geschaffenen Widerspruchs nicht verlassen werden darf, wird nicht immer klar verstanden. Tatsächlich ist das Opfer der *double bind* nicht in der Lage, die kritische Meta-Kommunikation zum vorliegenden Widerspruch zu leisten, weil dem Ganzen der Befehl zugrunde liegt, gehorsam zu sein – der Befehl, den Eltern nicht mit »Nein« zu antworten. Ich meine

aber: gerade in dem Moment, *wenn der zukünftige Patient beginnt, zu der vorhergehenden Negation, wie die familiäre Gehorsams-Struktur sie darstellt* (die lediglich das entfremdende Gehorsam-Konformismus-System der bourgeoisen Gesellschaft vermittelt), *»Nein« zu sagen, gerät er in den psychiatrischen Prozeß* und wird als schizophren etikettiert – *gerade weil er versucht, seine autonome Existenz gegen das System des Psycho-Imperialismus zu behaupten*, das ihm durch das willfährige geschlossene System seiner Familie und die konventionelle Psychiatrie, wie auch durch alle anderen vermittelnden Systeme vermittelt wird.
Die in den USA geleisteten Arbeiten eröffneten eine Betrachtungsweise, bei der die Schizophrenie nicht mehr als Krankheitsprozeß in einer Person, sondern als ein Vorgang zwischen mehreren Personen aufgefaßt wurde. Da die medizinische Betrachtungsweise stets nach konkreten, substantiellen, lokalisierbaren Sachverhalten sucht, kann die Vorstellung, man könne pathologische Prozesse aufspüren, die sozusagen im leeren Raum zwischen Entitäten stattfinden, das medizinische Denken wohl beunruhigen. Auf dem Feld der Forschung gerät alles in Fluß – Widerspruch, Negation der Negation und die wirbelnden Spiralen endloser Meta-Ebenen des Diskurses. Die objektive Perspektive verliert sich in einem Feld der Intersubjektivität; es ist, als wäre *die Methode, die das Feld der Verrücktheit studieren will, selbst mit dieser Verrücktheit behaftet.* Nicht eine Methode in der Verrücktheit, sondern eine Methode der Verrücktheit. Analytische Rationalität, die eine Logik des Äußeren ist, arbeitet mit einem epistemologischen Modell, das durch eine zweifache Passivität gekennzeichnet ist: im Akt der Beobachtung beeinflußt der Beobachter das Feld des Beobachteten nicht, noch wird er durch dieses Feld beeinflußt. Dies ist ein brauchbares Modell in den Naturwissenschaften, zumindest z. B. in der klassischen Physik, in einem mikro-sozialen Interaktionsfeld aber bedarf es einer dialektischen Rationalität: der Beobachter partizipiert am beobachteten Feld und wird unvermeidlich durch dieses beeinflußt; *gerade die Tatsache des Beeinflußtwerdens bildet die Grundlage der Untersuchung.* Wenn wir die konkrete Situation von Psychiater und Patient betrachten, wo ersterer den Zustand des letz-

teren diagnostizieren soll, so unterscheidet diese Situation sich von jener, wo ein Arzt das Zentralnervensystem eines Patienten (das eindeutig als objektiv zu untersuchendes Objekt existiert) auf folgende Weise untersucht: der Patient ist ein Subjekt, das die Welt erlebt und auf sie einwirkt, und zu dieser Welt gehört auch der Arzt, mit dem eine reziproke Beziehung (der Intersubjektivität) prinzipiell möglich ist, solange der Arzt die Subjektivität des anderen nicht objektivieren will. Oder anders gesagt, der Arzt bildet sich einen Eindruck vom Patienten, er beurteilt ihn, doch gleichzeitig bildet auch der Patient sich einen Eindruck vom Arzt und beurteilt ihn, der ihn beurteilt ... So aber muß der Arzt die Person beurteilen, die ihn beurteilt und dabei auch das Beurteilen seiner selbst (des Arztes) durch diese Person berücksichtigen, die wiederum im Zusammenhang der Beurteilung des anderen beurteilt wird, der sie im Zusammenhang der Beurteilung anderer über seine eigne Beurteilung beurteilt. Und so in alle Ewigkeit weiter, über viele Meta-Ebenen. Wenn der Arzt den anderen objektiviert, um eine Diagnose zu stellen, verändert er vollständig das real gegebene Feld von Erfahrung und Verhalten, und dies ist tatsächlich eine Form von Gewalt, die vom anderen auch so empfunden wird, der allerdings in der medizinischen Macht-Situation zu mystifiziert und zu unterwürfig sein mag, um sich als reales, existierendes Subjekt zu behaupten. Der diagnostische Akt der Psychiatrie ist also keineswegs eine medizinische Maßnahme, wie sie üblicherweise verstanden wird: vielmehr ist er eine mikro-politische Intervention, die – genau wie die Familie – die subtile repressive Gewalt vermittelt, wie sie das Makro-System einer repressiven Gesellschaft kennzeichnet.

Auch wenn man die Existenz der Schizophrenie als einer nosologischen Entität skeptisch bezweifelt, so hat das Wort doch eine semantische Realität und ist auch Bezeichnung für eine bestimmte soziale Rolle. In meinem 1967 erschienenen anti-nosologischen Definitionsleitfaden habe ich vorsichtig formuliert: »Schizophrenie ist eine mikro-soziale Krisensituation, in der die Akte und Erfahrungen eines Menschen aus spezifischen, intelligiblen kulturellen und mikro-kulturellen (in der Regel familiären) Gründen von anderen ent-

wertet werden, bis hin zu dem Punkt, wo er herausgestellt und als irgendwie ›geisteskrank‹ definiert und sodann durch medizinische oder quasi-medizinische Bevollmächtigte als ›psychiatrischer Patient‹ deklariert wird (durch einen spezifizierbaren, aber höchst willkürlichen Prozeß der Etikettierung).« Diese Feststellung bezieht sich auf eine extreme Störung in einer Gruppe von Menschen. Die Störung ist intelligibel, aber man ruft verzweifelt nach einer Intervention von außen, und der dann stattfindende Prozeß der Rollenzuweisung führt zum Ausschluß eines Menschen aus der Gruppe. Der Ausschluß soll in Wirklichkeit die sonst unerträglichen Spannungen in der Gruppe mildern. Dabei geht es nicht um eine Störung im »Schizophrenen«, sondern tatsächlich ist ein Mensch (vielleicht schon sein Leben lang) anfällig und ausersehen für solche Abwertung. Wenn man die Familie des Betreffenden besser kennt, wird diese »Anfälligkeit« aus seiner Lebensgeschichte, die durch den beinah vollständigen Mangel an allgemeiner Anerkennung (»consensual validation«) des eignen Selbst und seiner Wahrnehmungen gekennzeichnet ist, klar erkennbar, so daß man andere prädisponierende oder sensibilisierende Faktoren gar nicht mehr hypothetisch anzunehmen braucht.
Hier also haben wir es mit einer sozialen Situation zu tun, in der ein Mensch das Etikett »Schizophrenie« angeheftet bekam. Es ist eine Frage der Relevanz und auch der Notwendigkeit der verschiedenen möglichen Parameter unserer Untersuchung. Da keine Krankheits-Entität festgestellt ist, sondern nur ein System etikettierender Maßnahmen vorliegt, scheint es nicht angebracht, von einer genetischen, biochemischen, Virus- usw. Ätiologie zu sprechen. Und: Ätiologie von was? Was allerdings existiert, ist ein Zusammentreffen von Erfahrungen und Akten bei der als schizophren etikettierten Person und den anderen Beteiligten. Diese Akte und Erfahrungen sind durch eine Art *Code* miteinander verbunden, der sich fundamental von jenem unterscheidet, wie er in »normalen« Formen von Verhalten und Erfahrung zum Ausdruck kommt. Das Zusammenspiel abnormaler Akte und Erfahrungen ist relativ ent-codet und unterliegt häufigem inneren Wechsel – im Gegensatz zur Rigidität der normalen Akte und Erfahrungen. Diese Unterschiede re-

flektieren zweifellos Unterschiede der Codierung auf einer völlig anderen begrifflichen Ebene, nämlich jener Ebene, auf der der Genetiker »rein« objektive Phänomene untersucht – vorausgesetzt, daß solche epistemologische Reinheit vernünftigerweise angenommen werden kann. Man kann leicht davon sprechen, daß eine begriffliche Ebene die andere ›reflektiert‹, und daß eine reflektierende Beziehung sich von einer Kausalbeziehung unterscheidet. Aber die Unterschiede zwischen den Objekten, die der Genetiker studiert, und den an der Familieninteraktion – und dem Spiel: Diagnostiker/Diagnostizierte – beteiligten Subjekten reichen viel tiefer. Der Unterschied zwischen einem Objekt und einem objektivierbaren Subjekt ist ein ontologischer Unterschied. *Um die schizophrene Initiationsszene zu verstehen, brauchen wir nicht eine neue Methode, sondern eine neue Geisteshaltung.* Und diese Geisteshaltung wird geprägt durch die Praxis, auf die wir uns einlassen, so daß wir, wenn wir uns zu Menschen, die als schizophren etikettiert sind, anders verhalten, unsere normale Geisteshaltung vielleicht genügend deformieren, um sie in der Weise zu reformieren, daß der Diskurs an die Stelle der medizinischen Sektion, und der Dialog an die Stelle der Diagnose tritt. Die Sprache der Verrücktheit ist eine allgemein verständliche Sprache.

Noch ein Wort zur Biochemie. Für jedes empirische Ensemble menschlichen Verhaltens gibt es biochemische Korrelate, aber Korrelate sind keine Ursachen. Wüßten wir genug über diese Dinge, dann könnten wir vielleicht eindeutige biochemische Korrelate für die Rolle eines Psychiaters in der Klinik oder für das empirische Verhaltensensemble finden, das einer Reihe von Präsidenten der USA gemeinsam ist; aber obgleich jedes dieser beiden Ensembles oder Rollenkomplexe eine allgemeine »Symptomatologie« aufweist, können wir nicht notwendig aus irgend einem Grund annehmen, daß Psychiater oder Präsidenten der USA eine neue Art Krankheit haben. Obwohl wir damit vielleicht recht hätten!

Die biochemische Forschung auf dem Gebiet der »Schizophrenie« ist, wie ich glaube, von großer Bedeutung; aber sie darf nicht das Ziel verfolgen, Drogen zu finden, mit denen man einen angeblichen schizophrenen Prozeß *anhalten* könnte. Wenn überhaupt, dann sollte es vielleicht chemische Substanzen geben, die eine positive Verrücktheit ermöglichen: Verrücktheit nämlich als Wiederaneignung verlorener Erfahrung, als Regeneration. In Wirklichkeit allerdings, so glaube ich, sind gesellschaftliche Veränderungen das richtige Mittel, um eine solche persönliche Regeneration zu erreichen; und in dem Maß, wie unsere Erfahrungen sich verändern, wird sich auch die Chemie unsres Körpers verändern.

Der auslösende »schizophrene Zusammenbruch« ist, wie gesagt, so etwas wie ein anfängliches »Nein« zu einer vorhergehenden Negation im entfremdeten Mikro-Kosmos der Person, und daher etwas potentiell Wertvolles – bis es durch die konventionelle psychiatrische Behandlung und entsprechende Bemühungen, den Betreffenden zu re-normalisieren, abgetötet wird.

Überlegen wir einmal, was das »Nein« der schizophrenen Krise bedeutet, so gelangen wir zu einer Neubeurteilung der »schizophrenen« Symptomatologie. Der Mensch sagt »Nein« zu jenen mystifizierenden Manövern, die ihn für immer seiner autonomen Existenz berauben – einer Existenz, frei von den symbiotischen Obskuritäten der Familie und frei von dem Netz der psychiatrischen Institutionen und ihrer Ableger, in dem er später gefangen ist. Aber das »Nein« wird nicht gehört, und dem Betreffenden bleibt nur die Möglichkeit, sich durch andere Mittel auszudrücken. So ein anderes »Mittel« kann z. B. der Rückzug in die eigene Gedankenwelt sein, so daß die Worte, die zu anderen Menschen gesprochen werden, zögernd, fragmentarisch und zusammenhanglos erscheinen (in der klinischen Sprache heißt das dann »Denkhemmung«). Oder der angehende Schizophrene muß lachen, lächeln oder weinen über die Absurdität der engen, armseligen und verständnislosen Kommunikation, die zwischen ihm und seinen Eltern und den Ärzten einzig möglich ist (klinisch wäre dies dann ein »inadäquater Affekt«). Oder aber der ehemalige Verrückte will seine Erfahrung begreifen und eine Wahrheit aussprechen, die sich schwer direkt sagen läßt und die, wie er weiß, bei den anderen auf blankes Unverständnis stoßen würde, falls sie überhaupt direkt ausgesprochen werden könnte; und so sagt er die Wahrheit über den Mikro-Kosmos der Familie (und den späteren psychiatrischen Mikro-Kosmos), verwoben mit Wahrheiten über die Makro-Welt in einer metaphorischen Sprache (klinisch: Wahn oder Delusion) – aber warum sollten wir in diesem wahnhaften Diskurs nicht die Re-realisierung oder die Ent-Metaphorisierung der verblaßten, inadäquaten Metaphern der Normalität erkennen? Die metaphorische Sprache (oder jetzt vielleicht die anti-metaphorische Sprache, die Metaphern durch Metaphern ersetzt) kann für den Diskurs über die seltsamen Vorgänge in der Welt vielleicht besser geeignet sein als die prosaische Sprache, und wo dies der Fall ist, sollte der Psychiater seine Ausbildung vergessen, sein medizinisches Denken genügend ent-normalisieren, um an diesem Diskurs teilzunehmen – was auch seinen Selbstmord als Psychiater bedeuten würde. Falls er dies nicht tut, braucht der »fehlende Rapport« nicht nur ein Mangel auf seiten des Patienten zu sein. Ich selbst empfand den Rapport mit einem Patienten, zum Zeitpunkt, da er als »Schizophrener« in die Klinik eingeliefert wurde, niemals als schwierig, aber oft habe ich einen schwierigen Rapport mit Psychiatern, deren Mitteilungen mir häufig bizarr und belanglos erschienen – kurz: die nicht sehen, was vor ihrer Nase geschieht. Dies kann entweder bedeuten, daß ich zu weit in meiner eignen Verrücktheit drinstecke, oder daß dieser Psychiater zu weit von der *seinen* entfernt ist. Vielleicht ist er pathologisch normal. Aber ich kann keinen besonderen Wert in einer statistischen Normalität sehen, die so etwas wie Tod-im-Leben ist: die Sklerose der Existenz, in der die Menschen gänzlich mit den Stereotypen ihrer sozialen Rollen verschmelzen.

Vernunft dagegen liegt näher bei der Verrücktheit und steht in polarem Gegensatz zur Normalität. Der Unterschied zwischen dem Vernünftigen und dem Verrückten, der schließlich als Schizophrener hospitalisiert wird, liegt einfach darin, daß der Vernünftige über ausreichende Strategien verfügt, um die Fallen der Entmündigung in der normalen Welt zu vermeiden – nur einfach zu vermeiden.

Um den Sinn der Verrücktheit in diesem Stadium der Geschichte zu erklären, müssen wir uns in die politisch bewußte Aktion begeben und gleichzeitig über diese Aktion reflektieren. Aus solcher Reflexion entsteht ein Wissen, das über bloße Technik hinausgeht. Eine Logik der Unvernunft, die keinen Sinn *findet*, sondern Sinn *macht* – in einer Welt, die weniger unsinnig wäre als unsere heutige.

Anhang II

Grundsatzerklärung des Réseau International

Alternative zur Psychiatrie[1]

Die beim Kongreß »Alternative au secteur«, vom 24. bis 26. Januar 1975 in Brüssel versammelten Personen und Gruppen, darunter Gruppen von Psychiatrie-Arbeitern, Pflegern, Psychiatrisierten (les psychiatrisés), Anwälte, Kommunemitglieder usw. haben beschlossen, ein europäisches Netz einzurichten, das die Kommunikation zwischen diesen verschiedenen Personen und Gruppen[2] leisten und auch eine Verbindung zu sämtlichen Gruppen herstellen soll, die mit dieser Grundsatzerklärung übereinstimmen und die sich dem *Réseau* anschließen wollen.

Dieses Netz vereinigt folgende Gruppen:

– Vor allem die Bevölkerungsgruppe der Psychiatrisierten und alle anderen Gruppen, die entschlossen sind, gegen die Unterdrückung der Psychiatrisierten zu kämpfen.

– Alle diejenigen, die psychiatrische oder nicht-psychiatrische Kollektivexperimente organisieren oder fördern und die damit Alternativen zur offiziellen Einteilung in psychiatrische Einzugsgebiete und Bezirke schaffen oder die versuchen, die psychiatrische Institution zu zerstören.

Schließlich alle diejenigen – ob Arbeiter auf dem Feld der Psychiatrie oder nicht –, die sich weigern, sich als Agenten einer repressiven psychiatrischen Ordnung einsetzen zu lassen und die verlangen, daß die realen Probleme mit anderen als medico-technischen Mitteln behandelt werden.

Jeweils zwei oder drei Personen pro Land werden diese Koordination im europäischen Rahmen durchführen. Die Koordination besteht aus folgenden Elementen:

– Erfahrungsaustausch und Information über den Kampf der Beteiligten.

– Kampf gegen die Repression.

– Konkretisierung gemeinsamer Aktionen.

Der Posten des europäischen Sekretärs für das *Réseau* wird bis zur nächsten Vollversammlung der Gruppe von einem

Belgier besetzt. Nach dieser Versammlung, die in etwa sechs Monaten stattfinden soll, wird das europäische Sekretariat von einem Genossen aus dem Land übernommen, wo diese Versammlung stattfinden wird.

Präambel

Wir glauben, daß der Kampf um geistige Gesundheit in den Gesamtzusammenhang der Kämpfe der Arbeiter zur Verteidigung ihrer Gesundheit eingegliedert und mit den Kämpfen aller gesellschaftlichen und politischen Kräfte für die Veränderung der Gesellschaft koordiniert werden muß. Es geht uns nicht darum, Toleranz für die Verrückten zu erreichen, sondern wir wollen klarmachen, daß Verrücktheit der Ausdruck gesellschaftlicher Widersprüche ist, die wir als solche bekämpfen müssen. Ohne Veränderung der Gesellschaft wird es nie eine »bessere« Psychiatrie[3] geben, sondern immer nur eine unterdrückende Psychiatrie.

Wir lehnen es ab, die Probleme der Entfremdung und Marginalisierung, die durch das sozio-politische System geschaffen sind, in eine psychiatrische Terminologie zu zwängen.

Wir wollen nicht länger die Position von passiven Agenten eines Repressionssystems, das in Wirklichkeit marginale Bevölkerungsgruppen unter dem Vorwand medizinischer Behandlung und Wiederanpassung unterdrückt.

Das *Réseau* setzt sich folgende Ziele:

– Die weitestmögliche Verbreitung von Informationen über nicht-psychiatrische Institutionen und die Schaffung von Alternativen zum Sektor[4] und von Kommune-Projekten; die Unterstützung und Verteidigung solcher Erfahrungen durch alle verfügbaren Mittel (Presse, finanzielle und Rechtshilfe usw.).

– Die kollektive politische Analyse lokaler Situationen und etablierter Institutionen durch Aufdeckung der ökonomischen und politischen Mechanismen, welche die repressiven Institutionen rechtfertigen und perpetuieren und gleichzeitig den Prozeß der Marginalisierung weiterführen.

– Unterstützung des Kampfes, der auf dem Feld der psychiatrischen Institutionen geführt wird und daher untrennbar von anderen Kämpfen ist, die von den marginalisierten Bevölkerungsgruppen selbst und von den unterdrückten Klassen geführt werden.

– Aktive Erforschung geeigneter Mittel, das psychiatrische Machtmonopol aufzulösen zugunsten eines Kampfes, den die unmittelbar Betroffenen im Rahmen der gesellschaftlichen Kämpfe führen, die schon in der Schule, in der Gemeinde, am Arbeitsplatz und in der Stadt beginnen.

– Forderung einer konkreten Beziehung zwischen den im Rahmen dieser Kämpfe vorangetriebenen praktischen und theoretischen Diskursen.

Die psychiatrische Klinik

Die psychiatrische Klinik ist das Rückgrat eines psychiatrischen Sektors. Jeder Versuch einer Sektorisierung oder einer »Gemeinde«-Psychiatrie führt lediglich zu einer Miniaturausgabe der Klinik, falls die Logik der Klinik nicht gebrochen wird. Dieser Bruch – und er bildet eine der fundamentalen Achsen des internationalen Netzes, das wir aufbauen müssen – verfolgt vor allem die Absicht, die medizinische Auffassung von Behandlung und »seelischer Gesundheit« und den Rentabilitäts-Imperativ aufzugeben, der ein systematischer Bestandteil dieser Auffassung ist (z. B. die Vorstellung eines Honorars für die ärztliche Konsultation; die Tagessätze im Krankenhaus; die Bettenzahl usw.). Die Existenz eines Berufsfeldes für die Versorgung der Verrücktheit (Psychiater, Pfleger, Erzieher usw.) hat Teil am allgemeinen System der Kontrolle, Normalisierung und Repression. Die Verrücktheit wirft Fragen auf, deren Antworten auf einer völlig anderen Ebene zu suchen sind als jene Antworten, die die verschiedenen spezialisierten Berufsgruppen geben können. Die Tatsache, daß es irgendwo Leiden gibt, bedeutet nicht, daß man sich automatisch der medizinischen Maschinerie beugen muß.

Wie dem auch sei – in nächster Zukunft muß folgendes geschehen:

Der Bau von psychiatrischen Kliniken und der Ausbau spezialisierter Dienste müssen eingestellt werden. Warum sollte

man in Ländern, die reich an solchen repressiven Einrichtungen sind und wo die effektive Macht der Kliniken immer schwächer wird, diese mit Gewalt anfüllen? Und in solchen Ländern, wo die Entwicklung dieser Einrichtungen und Strukturen »zurückgeblieben« ist, muß man erst recht gegen ihren Ausbau ankämpfen, um die Sackgasse zu vermeiden, in die sie führen.
Es muß sofort damit begonnen werden, bestehende psychiatrische Kliniken umzuwandeln und anderen Zwecken zuzuführen. Dies bedeutet nicht bürokratische Liquidierung, wie sie in Kalifornien stattfand. Es geht nicht darum, eine Schicht von Arbeitern abzubauen und Patienten auf die Straße zu setzen. Diese Umwandlung der Kliniken sollte von der Gesamtheit all derer vorgenommen werden, die ihre Verrücktheit leben, die mit der Verrücktheit leben, die von der Verrücktheit leben – zusammen mit den verschiedenen sozialen Gruppen, die an einer solchen Umwandlung interessiert sind, aber nicht notwendig mit der Verrücktheit zu tun haben.

Kindheit

Heute werden Kinder in zunehmend jüngerem Alter marginalisiert, von der Schule ausgeschlossen und in psychiatrische oder psycho-pädagogische Institutionen eingewiesen. Daher ist die Kindheit eine wichtige Front für den Kampf unseres Netzes. Der »Sektor« und seine Parallel-Institutionen garantieren diesen Ausschluß und sind sein privilegiertes Instrument, denn diese Strukturen bieten Kindern, Erwachsenen und Lehrern fein abgestimmte Möglichkeiten der Fürsorge – Möglichkeiten, die als individuelle technische Lösungen für Probleme dargestellt werden, die in Wahrheit politischer Natur sind. Die psychoanalysierende Ideologie ist eine der subtilsten Formen von Ideologie, die heute zur Erhaltung dieses Systems eingesetzt werden.
Die gegenwärtige Kinderpsychiatrie hat die Funktion, die ihr zugewiesenen Kinder wegen zu langsamer schulischer Fortschritte oder schlechter Anpassung an die Schulstruktur medizinisch zu behandeln. In unserem Kampf ist die Schule selbst von großer strategischer Bedeutung.

Wir schlagen vor, verschiedene internationale Arbeitsgruppen im Zentrum des *Réseau* zu bilden:
– Um die Situation der Kinderpsychiatrie und der Schule in den verschiedenen nationalen, lokalen und sonstigen Kontexten exakt zu analysieren.
– Um Erfahrungen zusammenzuführen, die sonst, als isolierte, sofort vom System vereinnahmt würden.
– Um Möglichkeiten für die konkrete Zusammenarbeit von Arbeitern, politischen Gruppen, Aktionsgruppen und Lehrern im Bereich der Gemeinde zu schaffen, unter Berücksichtigung eines möglichen Mangels an Verständnis von seiten gewerkschaftlicher Organisationen.
– Um neue Formen des Kampfes sowie die Möglichkeit einer alternativen Praxis zu erproben.
– Und schließlich, um den Kindern, als den ganz unmittelbar Betroffenen, die weitestmögliche Freiheit zu bieten, sich selbst zu äußern.

Recht und Psychiatrie

Das Recht und die Psychiatrie sind zwei komplementäre Formen der Intervention gegen Abweichende. Kontrolle der Delinquenten und psychiatrische Fürsorge werden zunehmend identisch. Gegen die Allianz von Strafgesetz und Psychiatrie wollen wir das Bündnis von Gesundheitsarbeitern, linken Anwälten und Verwaltungsbeamten entwickeln. Es geht darum, daß diese Gruppen ihre Macht nicht zur Unterdrückung der Abweichenden einsetzen, sondern die sozialen Widersprüche, die der Abweichung zugrunde liegen, zum Explodieren bringen.
1. Wir müssen uns an der Verteidigung der Gefangenen und der psychiatrisch Internierten beteiligen und erreichen, daß ihre Rechte respektiert werden, wie sie allen Bürgern durch die nationalen Verfassungen garantiert sind – nämlich die Grundrechte des einzelnen.
2. Insbesondere müssen wir für das Recht dieser unterdrückten Bevölkerungsgruppen kämpfen, sich über die Vorgänge in den Institutionen zu informieren, in denen sie eingesperrt sind. Das *Réseau* muß die Presse zwingen, sich mit

diesen Fragen zu befassen. Es muß den wechselseitigen Informationsaustausch über die Kämpfe ermöglichen, die in jedem einzelnen Land gegen die psychiatrische Repression geführt werden.

3. Wir können sofort anfangen, psychiatrische Informationen allgemein zugänglich zu machen, indem wir entsprechende Dokumente publizieren. Wir können auch Gruppen von Psychiatern bilden, die sich für die Angeklagten zur Verfügung stellen.[5]

4. Wir fordern die Abschaffung von Gesetzen für psychiatrische Stationen und Zentren in den Gefängnissen, über Drogensucht, gegen gefährliche Alkoholiker, für zwangsweise Hospitalisierung.

5. Wir verurteilen die zunehmende Mitarbeit von Psychiatern in den Gefängnissen und die Ausgabe von Tranquilizern an die Eingesperrten, um die Ordnung in den Anstalten aufrecht zu erhalten.

6. Wir protestieren gegen alle Formen der Überwachung im Gefängnis, an denen Psychiater – denen von den Gerichten immer mehr Machtbefugnisse eingeräumt werden – beteiligt sind. Wir lehnen die Strafverfolger-Rolle der Psychiatrie ab (Akten, Daten, Zwangsbehandlung usw.).

7. Das Netz, das wir aufbauen, steht allen Gruppen von Beamten, Anwälten und Rechtshilfegruppen offen, sowie den eingesperrten Bevölkerungsgruppen, die den gleichen Kampf führen. Sein Koordinierungsorgan wird in engem Kontakt mit der internationalen Bewegung für eine demokratische Justiz arbeiten.

Die Psychiatrisierten

Die Psychiatrisierten und Eingesperrten sind nicht lediglich Randgruppen; sie sind Arbeiter (oder Arbeitslose, bedingt durch die Ausbeutung oder die Repression der kapitalistischen Gesellschaft).

Nur eine Veränderung der Gesellschaft, eine Klassenauseinandersetzung, an der *diese Bevölkerungsgruppe beteiligt ist*, wird die psychiatrische Institution mit ihren zahlreichen Zweigen (psychiatrische Kliniken, Einzugsbereiche und Bezirke usw.) beseitigen können. Wir müssen gegen die psychoanalytische Ideologie kämpfen, die sich den Diskurs und den Kampf dieser Bevölkerungsgruppe aneignet und dabei ein neues, subtiles System der Repression und polizeilichen Überwachung des Sektors entwickelt – als Übergang von der psychiatrischen Klinik zur psychiatrischen Gemeinschaft.

Wir müssen auch das Verhältnis zwischen den Verwaltern und den Empfängern der »Fürsorge« abschaffen, in dem sich die Klassenherrschaft reproduziert.

Für die Bewegungen der Psychiatrisierten und Eingesperrten fordern wir das Recht auf Information, Organisation und freie Rede, das Recht auf Konsultation und Zurückhaltung persönlicher Daten, das Recht auf medizinische Information und auf die Ablehnung medizinischer Maßnahmen sowie die Abschaffung aller Gesetze, die die Unterbringung und Klassifikation von Patienten regeln.[6]

Brief an das Réseau International[7]
Über die Macht und den Unterschied

Segismundo: Pues te daré
Porque mo sepas que sé que flazequas mías
A sela.
Calderón, La Vida es un Sueño[8]

Für mich liegt die große Chance des *Réseau International* in zwei prinzipiellen Unterschieden. Erstens gibt es hinsichtlich des Kontexts, in dem das *Réseau* arbeitet, den Unterschied zwischen – einerseits – den Impotenten, die die Macht im Staat haben (ihre Impotenz kommt daher, daß ihre persönliche Realität sich in den abstrakten, aber mechanisch effizienten Institutionen verblutet, die »sie« kontrollieren) und – andrerseits – ihren potenten Gegnern, die keinerlei Macht haben außer dem Bewußtsein ihres Unterschieds zum anonymen System und ihrer autonomen Entscheidung, dieses System mit allen Mitteln ihrer persönlichen Realität zu bekämpfen.

Zweitens gibt es den Unterschied zwischen jedem einzelnen, der am Netz mitwirkt (das ja keine »Mitglieder« hat, weil es keine »Körperschaft«, keine Organisation ist) und allen anderen. Das Ideal zumindest wäre, daß Konkurrenz einzig zwischen jedem einzelnen und sich selbst stattfindet. Dem Konkurrenzdenken entsprechen Neid, Eifersucht, Besitzanspruch und possessive, familiale, »ödipale« Beziehungen, die einzig eine impotente Lösung zulassen: Macht oder verdummende Spaltung. Konkurrenz ist lebenswichtig, doch die einzig sinnvolle Konkurrenz ist die Konkurrenz *mit dir selbst:* wenn du deine »eigne Sache« besser machst, als du's dir je vorstellen konntest. Solche Konkurrenz mit dir selbst entspricht nicht nur der Zusammenarbeit mit anderen Menschen, sie ist sogar die Voraussetzung jeder Zusammenarbeit.

Das *Réseau* als Anti-Organisation ist also ein pragmatisches Ensemble von autonomen, sich selbst verwaltenden Projekten in verschiedenen Teilen Europas und der Welt, die sich nicht nur ein oder zweimal im Jahr versammeln, sondern auf sehr persönliche, nur scheinbar zufällige und fragmentarische Weise dauernd zusammen sind. So hat sich in den letzten zwei Jahren eine Solidarität entwickelt, die umso eindrucksvoller ist, wenn wir uns (zumindest ich mich) erinnern, wie isoliert wir noch vor ein paar Jahren im Kampf gegen die psychiatrische Repression waren. Jetzt wächst unsere Zahl unaufhörlich, auch wenn es uns nicht immer möglich ist, zu den ein- oder zweimal im Jahr beschlossenen Versammlungsorten und -zeiten zu kommen. Und abgesehen von dieser Solidarität, haben wir uns ein gesundes Mißtrauen gegen alle Zentralkomitee-ähnlichen Gebilde erhalten. Es gibt zwar »Charisma«, und es gibt »natürliche Autorität«, aber ich möchte wetten, daß der ursprüngliche Freiheitsimpuls (der auf so vielen bitteren Erfahrungen mit den Institutionen beruht), wie er sich in Brüssel so deutlich zeigte, eine drohende Degeneration der Autorität zum Autoritarismus verhindern wird.

Nach dieser etwas pompösen und wortreichen Einführung möchte ich anfügen, daß ich viel Freude, manchmal Spaß und sogar ein wenig Verrücktheit bei meinen Begegnungen mit Leuten empfand, die im *Réseau* mitarbeiten. Ich betone gerade den persönlichen Aspekt der Erfahrung, denn auf dieser Ebene finden wir uns mehr oder minder im Sinn echter Begegnung zusammen. Aber Freude, Spaß und Verrücktheit sind natürlich nicht genug. Wenn wir jetzt nach zwei Jahren wieder zusammenkommen, stehen wir erst recht vor der dringenden Notwendigkeit, unser politisches Engagement zu definieren – selbstverständlich ohne daß gewisse Parteiloyalitäten ins Spiel kommen.

Obwohl das *Réseau* anfangs in den kapitalistischen, vor allem romanischen Ländern Europas entstanden ist, habe ich seinen ursprünglichen Geist so verstanden, daß unser Kampf, ausgehend vom Kampf gegen die psychiatrische Repression, hauptsächlich gegen die Repression in den vermittelnden Institutionen der Gesellschaft gerichtet sein muß, und zwar auf »internationaler Basis« (*Réseau International*). Andernfalls würde ein nur als Alternative zur Psychiatrie gedachtes *Réseau* gerade jene Spaltung reflektieren, die es der Psychiatrie zum Vorwurf macht – nämlich die Spaltung zwischen der Verrücktheit und allen anderen Aspekten des Lebens. Diese vermittelnden »Institutionen« (»Institution« heißt wörtlich: »an-den-richtigen-Platz-stellen« – und zwar richtig für die »anderen« – im normalisierenden Interesse der herrschenden Klasse und jeglichen Staates)[9], angefangen bei der Familie (Herkunft, Werbungsrituale, Ehe, Fortpflanzung, pränatale ärztliche Versorgung, Art der Geburt, Vorschulerziehung, primäre Sozialisation, familiäre Zelebration von Tod und Vererbungsriten), sodann in Schule, Lehre, Fabrik, Universität, Gericht, Gefängnis, Krankenhaus, Büro, in den (immer familialistischen) Institutionen der Reklame und der Massenmedien, die sämtlich im Interesse der kapitalistischen Mystifikation kontrolliert und mehr oder minder subtil zensiert sind, und im institutionalisierten Ruhestand ... bis hin zum wohlgeordneten, streng reglementierten Friedhof (Art der Einbalsamierung, Format des Sarges, Qualität des Sargmaterials, Form des Grabsteins usw.).[10]

Wenn wir diese Institutionen betrachten und uns vorstellen, in welcher Scheiße wir da sitzen – ein Scheißdreck, den wir schlucken und wieder ausscheißen, mit dem wir uns gegenseitig ankotzen –, dann kommen wir zu dem Schluß, daß zumindest in der bourgeoisen Gesellschaft jede mögliche Liebe zwischen uns durch den Haß aufs Scheiß-System, in

dem wir leben, vorkonditioniert ist. Es geht nicht an, eine Gesellschaft auf »Liebe« zu begründen – geschweige denn auf »brüderliche Liebe« oder »Nächstenliebe«.
Wenn wir lernen wollen, ein wenig mehr zu lieben, *dann müssen wir zuerst lernen, viel mehr zu hassen.*[11]
Fangen wir doch erst mal an, einfach unseren Nächsten anzusehen. Und dann betrachten wir uns in jenem Spiegel, den wir angeblich seit dem ersten Lebensjahr in uns herumtragen.
Und dann müssen wir die Institutionen im Gesamtkontext unseres Lebens betrachten, und dieser Kontext ist ein internationaler, der die einzelnen Staaten, in denen wir geografisch behaust sind, zusammenfaßt. Indem ich dies hinschreibe, erinnere ich mich an die unsichtbare Dritte Welt, die inmitten der Ersten Welt verborgen ist – an die Randgruppen, von denen Marcuse spricht, an die Schwarzen in den USA, die Dropouts, die sexuellen Minoritäten usw. – aber auch an die größte »Minorität« überhaupt, nämlich die Frauen, deren Kampf sich schließlich gegen alle repressiven Institutionen richtet, weil doppelte Repression doppeltes Bewußtsein erzeugt ... An all dies denke ich, und nicht zu vergessen die marginalste aller Marginalgruppen: wir, die Verrückten, gemeinsam mit all jenen Verrückten, die in den Fallen des großen PSI gefangen sind.
Diese »innere Dritte Welt« unserer Repression können wir nicht von der unterdrückten Dritten Welt »draußen« in Afrika, Asien und Lateinamerika trennen. Aber wie sollen wir all das zusammenbringen? Vielleicht gibt es ein verbindendes Wort – und dieses Wort heißt »Autonomie«. Kuba, Südostasien und jetzt auch Angola haben, zusammen mit anderen Ländern, für ihre Autonomie gekämpft: in autonomen revolutionären Kämpfen; aber sie brauchten doch die Unterstützung der Sowjetunion, die ihre Autonomie dabei nicht verletzt hat, sie gar nicht verletzen konnte. Sie brauchten die Sowjetunion, wie überhaupt alle Völker in ihrem revolutionären Kampf gegen *ihren* Kapitalismus, Faschismus und Imperialismus darauf angewiesen sind, daß die sozialistischen Länder gegen die Gewalt des im Todeskampf um sich schlagenden Kapitalismus zusammenstehen, der, wie der biblische Samson, imstande ist, die Wände des Tempels

der Welt einzureißen, um seine Gegner und sich selbst zu vernichten.[12] Aber sie müssen auch frei bleiben.
Und dann haben wir den Widerspruch (der zwar nicht antagonistisch, aber geeignet ist, den Übergang vom Antagonismus zum Nicht-Antagonismus zu verhindern), daß in der Sowjetunion Repression und – was uns besonders angeht – psychiatrische Repression weiterbestehen. Die Sowjetunion ist stark genug, um auf solche Repression nicht angewiesen zu sein.
Dies ist ein verbliebener Rest, der die Kluft zwischen der beinah verwirklichten politischen Revolution und der sozialen Revolution reflektiert. Die Antwort wird mit dem Zusammenbruch aller Systeme der Abrichtung, Überwachung und Kontrolle kommen, und dies ist der historische Kern aller revolutionären Kämpfe.
Leonid Pljuschtsch hat uns erzählt, wie er für seine Dissidenz psychiatrisch bestraft wurde (er hatte – so einfach wie notwendig – eine liberal-kommunistische Reform im Sinn Dubčeks vorgeschlagen). Er wurde mit Haloperidol[13] und Insulinschocks »behandelt« und durch psychiatrische Verhöre gedemütigt. Solche Behandlungsformen werden allgemein an Hunderttausenden von Opfern in allen kapitalistischen Ländern praktiziert. Aller Wahn ist politische Dissidenz und Subversion.[14] Sag nur ein wahres Wort über die Gesellschaft, ohne literarisches, wissenschaftliches oder philosophisches Ansehen zu haben oder ohne die entsprechende Tarnung, und du wirst es wissen. In allen Ländern der imperialistischen Unterdrückung werden diese Repressionstechniken mit Leichtigkeit gehandhabt, und nicht nur gegenüber ihren »leichten« Opfern. Lateinamerika ist das jederzeit verfügbare Labor für nordamerikanische Psycho-Experimente – nicht nur in Uruguay und Chile, wo es neben einer hochentwickelten Psychoanalyse[15] auch die Skinneristische Verhaltensbeeinflussung gibt. »Großbritannien« (das anti-keltische England) setzt die Psycho-Techniken der sensorischen Deprivation gegen irische Opfer ein[16] und verletzt damit Artikel 3 der Erklärung der Menschenrechte und die dort garantierten fundamentalen Freiheiten: »Niemand darf der Folter oder einer inhumanen, erniedrigenden Behandlung ausgesetzt werden.«[17] Nimm noch die »Untersuchungshaft«-

Praktiken im sozialdemokratischen Westdeutschland hinzu, und du beginnst zu ahnen, wie dieses trostlose Spiel funktioniert. Alle hohen Ansprüche der großen, fortgeschrittenen Liberaldemokratien verschwinden durchs weit offene Arschloch des kapitalistischen Systems. Wisch es ab mit den Blättern seiner Presse, und dann zieh die Kette.

Noch ein Wort zur psychiatrischen Repression: die Anti-Psychiatrie[18] war und ist ein Kampf, der in den staatlichen Institutionen von Klinik und Sektor geführt wird, um dieses System von innen zu zerstören. Jetzt gibt es neben der Anti-Psychiatrie auch nicht-psychiatrische Bewegungen, die nicht nur die Verrücktheit in der Gemeinschaft eindämmen, sondern sie in die Gemeinschaft integrieren und sie als revolutionäre Kraft einsetzen wollen, um sie in revolutionäre Kreativität zu verwandeln (heute noch neu, aber nie mehr zu entmündigen!).

Die Dialektik dieser Bewegung verbietet auch die idealistische Schaffung alternativer »Kommunen« (die nur eine andere Art von Familien sind), in den die »gute Reise« durch die Verrücktheit angetreten wird und die moralisch-religiöse Bekehrung »böser« Psychiater zu »guten« stattfindet, und sie verbietet alle Formen von »Alternativ-Therapien« (Familien-, Begegnungs-, Sexologie-, Wiedergeburt-der-Geburt-Therapien usw.). Es ist eine Dialektik, die untrennbar verbunden ist mit dem Kampf der Klassen und Nationen gegen den Kapitalismus, gegen die bürokratische Degeneration des Sozialismus und gegen den Imperialismus überall auf der Welt.

All dies verlangt einen doppelten Aktivismus. Viele von uns arbeiten in und gegen psychiatrische(n) Institutionen; viele von uns engagieren sich in der Psychologie, um die Destruktivität ihres normalisierenden Lehrbetriebs zu zerstören (der die Lehrer zerstört, noch bevor sie lehren), oder gegen das Eindringen der ödipalen, familialistischen Psychoanalyse in alle Institutionen. Oder wir schreiben Bücher über diese Dinge oder lehren sie. Aber in Frankreich wie in Westdeutschland, in Spanien wie in Mozambique können wir nicht mehr der Notwendigkeit ausweichen, all diese mächtigen, wenn auch impotenten Überbleibsel des Kapitalismus und Imperialismus zu bekämpfen.

Wenn Macht reine Andersheit ist, irgendwo, aber für niemand, so ist Potenz der einheitliche, totale Ausdruck des Organismus in voller Freiheit und in voller Gegenwart. Die Wiedergewinnung unserer Potenz ist die Voraussetzung für die Zerstörung der impotenten Macht des bourgeoisen Staates – der Eunuchenmacht –, der Kontrolle, die sich in die Räume zwischen uns schiebt und nur durch unsere Unterwerfung Substanz gewinnt.

Schließlich behaupten und behaupten wir immer wieder unseren Unterschied zu diesem System, wenn wir die Einheit der Bedürfnisse anerkennen. In der voll entfalteten kapitalistischen Gesellschaft sind die primären Bedürfnisse nach Nahrung und Obdach – wie die Luft, die wir atmen – nicht lebenswichtiger als die radikalen Bedürfnisse[19] nach totaler körperlicher Gesundheit (die nicht nur ein professionelles Problem der Medizin ist), nach orgasmischer Sexualität (im Unterschied zur gehorsamen Paarung zum Zweck der Fortpflanzung), nach Verrücktheit (als der Wiedervereinigung dessen, was durch die *Psychiatrie* getrennt ist), die wir zu neuen, nicht vorgeprägten Formen der Kreativität – der Kreativität der Kunst des täglichen Lebens – verwandeln, nach einer Freiheit *zu*, die nicht noch mehr Freiheit *von* braucht (z. B. in der Frage von Nahrung und Obdach), nach der Freiheit, das Recht des einzelnen *auszudrücken*, die Ausdruck und Bestätigung findet im Recht des anderen, »Nein« zu sagen, und auch zu sagen: »Es gibt andre Dinge, die ich hier und jetzt tun will«; nach einer Freiheit der Selbstdisziplin, die schließlich diesen (ursprünglich von Marx festgestellten) Unterschied *und* die Vereinigung bewirkt: politische Revolution, die jedoch jetzt geschieht! Aber wenn wir den bloßen Stückwerk-Reformismus und die Verewigung aller institutionellen Formen unserer Repression vermeiden wollen, müssen wir die Verwirklichung aller unsrer »anderen Bedürfnisse«, unserer radikalen Bedürfnisse fordern, und zwar *jetzt*.

Die soziale Revolution, die »endgültige« und vollkommene Revolution (die schon im Begriff ist, als Anti-Zustand permanent zu werden), die kommunistische Revolution wird nicht automatisch auf die politische Revolution folgen (das war Stalins Dogma, das auf einer mechanistischen Ursache-

Wirkung-Beziehung zwischen Unter- und Überbau beruhte).
Ich will meinen letzten Rest Skepsis überwinden, daß das *Réseau* es vielleicht doch noch schaffen könnte, nur eine weitere, sich selbst beweihräuchernde Emanzipationsbewegung der »extremen Linken« und nichts weiter zu werden, und mich an bedeutsame Augenblicke erinnern, in denen wir uns begegneten, und auch an die manchmal scharfen Dispute im Austausch unserer persönlichen Erfahrungen bei unsrer von allen Seiten umstrittenen Arbeit – nicht um Hoffnung *für* unsere Arbeit zu finden (die leichte Hoffnung des pontifikalen Gestus), sondern vielmehr um jene *andere* Hoffnung zu schöpfen, die sich in unserer immer wieder mühsam hergestellten Aktionseinheit verwirklicht. Aber Sentimentalität und Utopismus werden wir nur überwinden, wenn wir uns tief genug darauf eingelassen haben.
Das *Réseau*, anti-familialistisch wie es ist, bietet keine tröstliche institutionelle Matrix, kein Mutter-Substitut, sondern etwas, das Félix Guattari vielleicht »Rhizom« nennen würde; denn uns allen, die wir so lange isoliert waren, ist es jetzt möglich geworden, neue Systeme zu erfinden, im Untergrund knospende Kerne zu bilden, die an die Oberfläche, zu einer neuen Solidarität streben.
Einst waren wir jeder ein einzelner, der danach strebte, letztlich dieser einzelne zu bleiben.
Jetzt sind wir Tausende, und werden dauernd Tausende, Tausende mehr.
Da wir keine Religionen, auch keine nicht-religiösen Bekehrungen (die Alternativ-Therapien zur persönlichen Errettung) mehr brauchen, da wir den historischen Charakter unserer Repression und Unterdrückung sehen, erkennen wir unsere Freunde, und durch diese einfache Tat fangen wir an, unsere Feinde in die letzte Flucht zu schlagen.
Nach zu vielen Worten:
Der Kampf geht weiter!
David

Nachtrag zu diesem Brief:
Während ich dies schreibe, bin ich wieder mal auf einem Kongreß (über »Wahnsinn«, am 1. Dezember 1976 in Mailand).
Da gibt es zu viele Worte, zu viel wartende Gesichter. Ich sehe unsere versammelten Leiber wie Schafe mit Schwänzen, und unsere Mienen drücken einheitlich aufmerksame Höflichkeit aus, ungeduldigen Ärger, gewohnheitsmäßige Verlegenheit, dauernde Verwirrung der anderen.
Die Psychoanalytiker verstehen sich auf die kluge, vernünftige Rede und auf die Scheinrechtfertigung ihrer Position, aber sie verstehen es auch und immer wieder, zum Schluß alles in baren, kläglichen Blödsinn zu verwandeln.
Natürlich ist jeder gegen die intellektuelle Masturbation, wie auch jeder gegen die verblödende Masturbation ist (weil wir ja immer noch denken müssen) – wenigstens finden wir einige Freude daran –, aber was tatsächlich stattfindet, ist eine intellektuelle Verstopfung, und anscheinend müssen wir warten, bis die Scheiße zu den Geschmacksnerven unsrer Zunge aufsteigt.
Dies ist nicht arrogant gemeint. Wir alle hocken im gleichen Sumpf. Ich weiß nicht, was ihr alle tut, aber ich höre nicht mehr viel auf das, was die Leute sagen. Doch ist es immer noch der Mühe wert, zu beobachten und zu sehen, daß das, was die Leute wirklich meinen, selten aus ihrem Mund kommt. Brechen wir die Hegemonie von Zunge und Ohr: auch das kann revolutionär sein – wie das Nicht-Schreiben von Sätzen für das Ent-Schlüsseln von Erfahrung.
Der einzige Zweck, den ich jetzt noch im Schreiben sehe, besteht darin, die Welt mit den Zellen ihrer eignen Verrücktheit zu infizieren. Da die Verrücktheit ihre eigne Verrücktheit ist, sollte es keine Immunreaktion geben. Aber wer kann es wissen?

Anmerkungen

Vorwarnung

1 =»recuperation«; das Wort läßt sich nicht einheitlich übersetzen. Ich sage »Wiederaneignung« bzw. »Wiedergewinnung« (siehe a), oder »Aneignung« bzw. »Vereinnahmung« (siehe b) – die Verbform »recuperate«, entsprechend. (d. Ü.) Der Begriff »recuperation« wird hier in zweierlei Sinn verwendet:
a) im Sinn individueller Erfahrung, als gegenwärtige Wiederaneignung – wenn auch nicht notwendig in Form expliziten, artikulierten Wissens – von »verlorenen« Elementen der frühen individuellen und vor-individuellen Erfahrung, *oder* die Wiedergewinnung einer ursprünglich getroffenen Entscheidung für eine bestimmte, autonome Daseinsweise (ähnlich wie Sartre das Wort *récupération* in seiner Studie über Baudelaire gebraucht);
b) im Sinn sozialer Aktion: *entweder* als Normalisierung, Neutralisierung und destruktive Vereinnahmung von Elementen, die dem staatlichen System gefährlich werden, durch dieses, *oder* Aneignung all dessen, was das System dem Volk gestohlen hat, durch dieses.

1 Die Sprache der Verrücktheit

1 Verrücktheit ist natürlich stets unmittelbar politisch, aber dies ist nicht für jedermann evident. Die »Politisierung« der Verrücktheit bedeutet, daß ihr politischer Charakter demonstriert wird und daß ihre politischen Implikationen herausgearbeitet werden.

2 Wie oft sprechen wir – abgesehen vom Austausch weniger funktioneller Botschaften – wirklich miteinander? Wir reden dauernd mit uns selbst, und manchmal halten wir unseren Monolog – aufgrund von empfangenen Signalen, die über den engen Rahmen verbaler Signale hinausgehen – für den Dialog des gegenwärtigen anderen.

3 Ungefähr so: Wir ergreifen die Macht, weil die herrschende Klasse nie Macht gewährt, es sei denn in Formen, die die Menschen blenden und betäuben: z. B. an der Wahlurne, diesem Grundstein der »Demokratie«, die (gleichsam unter totaler Zensur) nur das enthält, was Presse, Radio, Fernsehen, Schule, Familie und Wirtschaft in dieses System hineinstecken. Und zwar nicht in ihrem eigenen Interesse, sondern im Interesse des Systems, das sie, die Unternehmer, mit ihrem »guten Geld« gekauft zu haben glauben.

4 Vgl. die sehr wichtige Definition einer Anti-Psychoanalyse von Gilles Deleuze: »Relation introductive au Congrès de Psychanalyse de Milan« – Mai 1973; in *»Psicanalisi & Politica«*, Mailand: Feltrinelli, 1973. (dt. Übers. in: Deleuze/Guattari/Jervis u. a., Antipsychiatrie und Wunschökonomie, Berlin 1976, Merve Verlag.)

5 Dies ist eine der vielen sich selbst erfüllenden Prophezeiungen der Etymologie.

6, 7, 8 Lacan – in seinem Bemühen, der Psychoanalyse zu ihrer Sprache zu verhelfen – würde *Metonymie* (die Vertauschung von Ursache und Wirkung) mit der Freudschen »Verschiebung« und *Metapher* mit der Freudschen »Verdrängung« vergleichen. Der Begriff *Synekdoche* überschneidet sich leicht mit dem Begriff Metonymie, und er meint das Einsetzen eines Teils für das Ganze: »Das Dorf war über diesen Vandalismus empört« (= tatsächlich waren einige Leute durch eine bestimmte Handlungsweise einiger anderer, die gegen ihre Norm verstieß, empört). In der ganzen Geschichte der psychoanalytischen Bewegung hat kein Psychoanalytiker ein tieferes und praktischeres Verständnis der philosophischen Tradition Europas bekundet als Lacan, und sein Werk ist voll von heuristischen Einsichten. Diese sind aber eher eine Kritik an der psychoanalytischen Theorie als eine Verteidigung derselben. (Siehe seine *Ecrits* und *Seminaires*, Paris 1966 – teilweise dt. Übs. in: *Schriften*, Suhrkamp, Frankfurt 1975. Vgl. D. Coopers Beitrag »Antipsychiatrie, entmythologisiert« in: Jervis/Rella »Der Mythos der Antipsychiatrie«, Berlin 1978, Merve Verlag.

9 Manche Psychoanalytiker fassen den verrückten Diskurs als Verstoß gegen die »Muttersprache« auf, konditioniert durch die Familienerfahrung, wie sie ist. Tatsächlich »überlisten« die Verrückten die Muttersprache, um ihre eigene Sprache zu finden und sie im Akt des Findens zu fühlen, und dies ist eine Überschreitung des Familialismus, hin zur Autonomie.

10 Wie etwa, wenn ein Arbeiter es stillschweigend akzeptiert, daß sein Chef (und der Staat) ihn nicht danach beurteilt, welchen produktiven Wert er hat, sondern welch ein Produktionswert – aus dem sich so und soviel Mehrwert schlagen läßt – er *ist*. Und ähnlich, wenn ein Kapitalist von seinen Freunden veranschlagt wird, was er »wert« ist – z. B. 1 Million (Eigentum plus Versicherungssumme, die er bei seinem Tod hinterläßt). Er mag sich darüber freuen, daß sein Leben soviel wert ist wie der Geldwert seines Todes.

11 Gewiß begehen manche, die als psychiatrische Patienten klassifiziert sind, Gewalttaten; z. B. mag ein Ehemann, der als »paranoid eifersüchtig« gilt, bei einem vorläufigen Klinikurlaub oder nach seiner Entlassung, seine Frau umbringen (und der liberale Psychiater gerät dadurch womöglich in Schwierigkeiten). Dies aber entspricht einfach dem Muster der meisten Familienmorde, einschließlich der Ermordung von Menschen, die

»Familienfiguren« repräsentieren, wo aber der Mörder nicht als »psychisch krank« klassifiziert wurde. Solche Familienmorde bilden die Mehrheit aller Morde – abgesehen von jenen, die aus »reiner Habgier« verübt werden und die Habgier des kapitalistischen Systems imitieren, und abgesehen von politischen Morden. Doch sie haben nichts mit Verrücktheit zu tun. Anderseits können Menschen mit einer Kopfverletzung oder mit mangelhaften Hirnfunktionen (»geistig subnormal«) ihre fragile Selbstbeherrschung verlieren und ein Messer nach jemand schleudern, aber dies hat ebenfalls nichts mit Verrücktheit zu tun. Nebenbei gesagt: die meisten Menschen, die als hochgradig »subnormal« klassifiziert sind, leiden weit öfter unter Schwierigkeiten der politischen Diskriminierung, z. B. in der Schule, als an mangelhafter Hirnfunktion. Doch dies wäre Gegenstand einer anderen Untersuchung.

12 Den Begriff »depassment« (Überschreitung) gebrauchte ich – in Ermangelung eines besseren – in *Reason and Violence* zus. mit R. D. Laing, 1964 (dt. Übs.: *Vernunft und Gewalt*, Suhrkamp, Frankfurt 1973) zur Umschreibung von Sartres *dépassement* – etwa als Äquivalent zu Hegels *Aufhebung*. Eine bestehende Totalisierung (d. h. ein mehr oder minder einheitlicher menschlicher Zustand) wird durch eine andere Zusammenfassung infrage gestellt. Die erste Totalisierung verliert ihren absoluten Wert und wird – wobei sie sich in einen relativen Wert verwandelt – von der zweiten absorbiert, falls diese umfassend genug ist. Also wird eine Synthesis von der nächsten absorbiert, usw.

13 Das Poetische verstehe ich im weitesten Sinn von πόιηδιδ – Machen, Schaffen. Und Sprache verstehe ich im weitesten Sinn als ungesagte Implikation von Wörtern und Gesten: als Artikulation unserer Lebensweise. Bedenke, wieviel Poesie trotz der Psychiatrie in den Asylen überlebt. Kierkegaard, dieser Meister des Paradoxen, sagte: »Ich möchte in ein Irrenhaus gehen, um zu sehen, ob die Tiefen des Irrsinns mir nicht vielleicht die Lösung des Lebensrätsels bringen.« Sein romantischer Sinn fürs Paradoxe ließ ihn hier romantisch im Stich: es gab keine Lösungen – aber vielleicht bessere Fragen.

2 Was sind radikale Bedürfnisse?

1 Vgl. die Verwirrung vieler Linker in Italien, als Pier Paolo Pasolini einem faschistischen politischen Mord zum Opfer fiel. Pasolini war homosexuell, und seine Ermordung wurde als Folge »persönlicher Probleme« verstanden, ohne die klärende Einsicht, daß alle »persönlichen Probleme« unmittelbar politisch sind. Pasolinis Entscheidung, gewisse Risiken einzugehen, war untrennbar von seiner Entscheidung, sich schöpferisch für

eine Revolution auf allen Ebenen der menschlichen Erfahrung zu betätigen. Daher war seine Ermordung wahrhaft politisch.

2 Nietzsches Verrücktheit als ein Durchleben totaler Freude und Verzweiflung spricht aus seinem ganzen Werk. Ob sein »Verstummen« 1889 irgendwie mit zerebraler Syphilis zusammenhängt, ist einfach unerheblich.

3 Eine metrische quantitative Mathematik des Raumes (Topologie) würde die Kästen aus Gründen der Bequemlichkeit und Kontrolle schließen; eine non-metrische qualitative Topologie würde auf einer weniger bequemen und weniger kontrollierenden Dialektik von Kontinuität/Diskontinuität insistieren, bei der es Kästen gäbe, die an einem Ende offen sind – und dann geht es nur noch darum, an *welchem* Ende.

4 Wichtig ist der ontologische Unterschied: das Sein von »haben« »wird statisch« (wenn man das Objekt hat); handeln, um anders zu *sein*, impliziert die dauernde permanente Revolution.

Ein Psychoanalytiker, dem ich unlängst in Mexiko begegnete, war ein wenig beleidigt, als ich »Verdrängung« (*repression*, im psychoanalytischen Sinn) nicht als radikales Bedürfnis akzeptieren wollte. Das meiste von dem, was in seinem System als verdrängte Bedürfnisse, und zwar notwendig, im Namen der »Kultur« verdrängte Bedürfnisse gilt, sind zugeschriebene Bedürfnisse; sie werden den Menschen zugeschrieben und sollen sich einem System künstlicher Konstrukte einfügen (dazu bestimmt, ein für den *wirklich* repressiven Konformismus nützliches Quasi-Wissen über das Leben der Menschen zu liefern), die auf angeblichen Primärphantasien beruhen (wie Primärszene, Kastration, usw... der ganze ödipale Apparat). Nicht zugeschriebene »verdrängte Bedürfnisse« sind genau das, was wir mobilisieren müssen, um eine permanente persönliche und makrosoziale Revolution gegen die extrem sichtbaren und konkreten Formen der institutionellen Repression zu führen: und dies ist ein politisches Problem.

5 Während gewisse »psychedelische« Substanzen ein stark auflösendes (»dekonstituierendes«) Potential haben, lassen radikale Bedürfnisse sich nicht mit einer Spritze oder einer Pille erfüllen, sondern nur durch politische Aktion. Die äußeren Bedingungen und der Kontext für die Einnahme von LSD, wie ich sie in *The Grammar of Living* 1974 (dt. Übs.: *Von der Notwendigkeit der Freiheit*, Verlag Roter Stern, Frankfurt 1976) definierte, sind so rigoros, daß dies nicht empfehlenswert ist – ganz gewiß nicht unter dem Druck der politischen Situation in Europa. Es gibt schon genug oberflächliche Verrücktheit, und es kommt darauf an, diese zu vermeiden und statt dessen orgasmisch zu lieben und aktiv die soziale Revolution zu machen. Und was die »weiche« Droge Cannabis betrifft: die Gesetze, die den Besitz ahnden, gehören natürlich abgeschafft; aber die Erfahrung mit der Droge selbst stellt

keine große Befreiung dar, besonders solange der Handel straff von den Kapitalisten der Harte-Drogen-Mafia organisiert wird.

6 Ich behaupte nicht, daß es ein radikales Bedürfnis gibt, verrückt zu werden, sondern vielmehr, daß Verrücktheit ein verzweifelter Ausdruck des radikalen Bedürfnisses nach Autonomie begründender Veränderung ist.

7 dt. Übs.: *Theorie der Bedürfnisse bei Marx*, VSA, Hamburg 1976. Siehe aber auch P. A. Rovatti, R. Tomassini, A. Vigorelli, in *Bisogni e Teoria Marxista*, Ed. Mazzotta, 1976. Dort werden die anliegenden Fragen ausführlicher behandelt. Hellers Buch erschien ursprünglich in Ungarn unter dem Titel *Bedeutung und Funktion des Begriffs Bedürfnis im Denken von Karl Marx*.

8 Siehe Kap. 4, den Abschnitt über Entfremdung.

9 Die Lösung des französischen Unterrichtsministers z. B. besteht darin, die »Kulturwissenschaften« gegenüber Jura, Medizin usw. zurückzudrängen – Fächern also, wo der Student keine Zeit und keinen Raum findet, sozial zu denken.

10 Abgesehen von epistemologischen Auseinandersetzungen um den wesentlich politischen Mißbrauch der Genetik (siehe Anhang I).

11 *The I. Q. Controversy*, hsg. von N. J. Block und Gerald Dworkin, Pantheon, 1976.

12 Ein »reichhaltiges« und wahrscheinlich notwendiges Gegengewicht zu meinen Ausführungen über die Bedürfnisse bietet Jean-Pierre Dupuy und Jean Robert, *La Trahison de l'Opulence*, Presses Universitaires de France, 1976.

13 Man fragt sich, ob die Volkswirtschaften der kapitalistischen Länder, besonders der USA, auch nur einen Monat ohne die massive Ausbeutung der Dritten Welt durch die multinationalen Firmen mit ihren verschachtelten Finanzsystemen und ihrer universellen Mystifikation überleben könnten – einer Mystifikation, die von der Einsetzung bezahlter und bestochener faschistischer Militär- und Folterregimes überall auf der Welt über die subtile Verdrehung politischer Tatsachen bis zur endlosen Reklame für ungebrauchte Waren in sinnlosem Wettbewerb gegeneinander reicht. *Wie groß ist die schiere Menge vergeudeter Arbeit auf der ganzen Welt?*

3 Orgasmische Politik

1 »Nach unserer Auffassung ist und bleibt die Familie die Mutterzelle der faschistischen Gesellschaft« – Marlio Pompei, ein Theoretiker Mussolinis, in *Critica fascista*, 1. Mai 1933.

2 Mao Tse-tung: »Reden in *Chengtu:* Gegen den blinden Glauben beim Lernen«.

3 Dies bedeutet nicht, daß wir uns schuldig fühlen oder ande-

ren Schuldgefühle machen sollten, wenn »unser Geist« während der Erfahrung vor und nach der Nicht-Erfahrung sporadisch mit Bildern von anderen Menschen und Situationen arbeitet. Bei der Rückkehr gibt es nur die Möglichkeit der »freien Assoziation« – zu all unserer Erfahrung, all unserer Geschichte. Des wirklichen Alleinseins mit dem anderen. Selbst in der neutralsten Psychoanalyse wird unser Bewußtsein vom anderen strukturiert – besonders durch seine »Neutralität«. Und da ist noch ein Problem mit dem Schuldgefühl: wie verwandeln wir es in notwendige Trauer, und dies nur für einige Zeit?

4 Ein dreiundachtzigjähriger Freund erzählte mir, daß die Liebe, seit er achtzig ist, »etwas seltener, aber viel besser« wurde. Vielleicht war's nur Zufall, daß er ein reichianischer Analytiker und Analysand von W. Reich war? Überflüssig zu sagen, daß die Erfahrung als solche nicht einmalig ist.

4 a Gerüchteweise erfahren wir, daß sowjetische Sexologen zwei Minuten als optimal empfehlen. Selbst wenn dies nicht stimmen sollte, so reicht es doch an die kapitalistische Wahrheit heran. Orwells *1984* trifft zuerst im Westen ein.

5 So wie sie versuchten, die Afrikaner zu entsexualisieren und ihre Kultur zu zerstören, bevor die großen Kanonen auffuhren.

6 Jemand fragte, warum der reiche Bourgeois oder Erbe eines Vermögens, der doch offenbar viel freie Zeit hat, nicht revolutionär und orgasmisch sein könne. Nun, die Zeit des Bourgeois ist am allermeisten strukturiert; sie ist die internalisierte abgestorbene Zeit, die zerstörte Zeit anderer, die Zeit aller Arbeiter, die diesen armseligen Reichtum produzierten.

6 a Der »Tod der Familie« bedingt den Tod des Familialismus. Er bedeutet, genügsam allein zu leben, als Paar, in der Familie oder Großfamilie, oder in der Kommune oder wo immer du willst.

7 Wenn heute jemand praktisch versuchen wollte, die bourgeoise Zeit wirklich zu destrukturieren, würde er natürlich eine extreme Marginalisierung riskieren. Doch es gibt auch eine Marginalisierung, die der Kapitalismus unvermeidlich aufzwingt. Eine französische Zeitschrift für Arbeitslose berichtete unlängst über eine merkliche Verbesserung des Geschlechtslebens während der Arbeitslosigkeit. Dies ist natürlich kein Argument für die Arbeitslosigkeit, sondern gerade fürs Gegenteil – nämlich die Kontrolle der Arbeiter über *ihre* Zeit. Im Gegensatz zu jenem berühmten kalifornischen Boss, der auf dem Dachboden der Fabrik Prostituierte unterbrachte, um die Überproduktion zu begrenzen.

8 »Lieben« ist körperliche Interaktion, die zu orgasmischer Sexualität führt. Das Wort »ficken« bezieht sich auf die prokreative (zeugende) Sexualität, und folglich ist es mit Recht ein schmutziges Wort.

9 Aber vielleicht tat er das, und vielleicht war's gerade das, was Paulus durch sein geschwärztes Glas nicht sehen konnte?

10 Kein Wunder, daß es manchen »Psychotechnikern unbegreiflich ist, wenn ich sage, daß Frauen – *physiologisch* gesehen – einen größeren Phallus haben als Männer, und daß der Orgasmus bei Frauen zwar selten (siehe u. a. der *Hite Report* von Shere Hite, Bertelsmann, München 1977) – bei Männern aber noch seltener ist (siehe auch *The Grammar of Living/ Von der Notwendigkeit der Freiheit* – »Orgamus-Manifest«). Was die Vergewaltigung betrifft, so wurden in England unlängst vier Frauen verurteilt, weil sie gemeinschaftlich einen Mann vergewaltigt hatten. Dies mag zwar der Traum mancher Männer vom Paradies sein, aber es bleibt das konkrete Problem der Vergewaltigung eines Mädchens durch einen Mann. Dieses Verbrechen – wie alle Gewalttaten – beruht auf der Ultra-Normalisierung durchs bourgeoise System – jenes System, das die Vergewaltigung der Frau durch den Mann legal verlangt. Das politische Angriffsziel ist das bürgerliche Recht.

11 Meine letzten Bemerkungen beziehen sich auf den Congress on Sexuality and Politics in Mailand, November 1975.

4 *Verbindungen – und ein paar Unterbrechungen*

1 Z. B. »Alienacioun of God is to men workynge wickidnesse« (= Entfremdung von Gott wirkt für den Menschen Böses) – Wyclif, 1388. Erstens theologisch, dann philosophisch, wie bei Fichte, vor Hegel.

2 Wie auch – auf andrer Ebene – manche »ideale« menschliche Beziehungen symbiotisch sind oder sich nicht-parasitär in einer Symbiose bewegen.

3 Eloges, XVIII.
Jetzt laß mich, ich gehe allein.
Ich gehe fort, weil ich zu tun habe: ein Insekt erwartet mich
und will etwas von mir. Ich freue mich
an dem großen Facettenauge: eckig, unverhofft, wie
die Frucht der Zypresse.
Oder aber, ich bin im Bund mit den blau gemaserten Steinen:
darum laß mich gleichfalls
sitzen, in der Freundschaft meiner Knie.

4 Nachdem ein Musikwissenschaftler kürzlich die Abirrungen einer Reihe großer Komponisten verzeichnet hatte, folgerte er, daß sie jedoch nicht *alle* pathologische Fälle wären: »Denken Sie an Richard Strauss.« Nun, hör dir den *Rosenkavalier* an!

5 Sogar mit dem geringen Besitz der Armen ist es so: Was tut der Sohn, wenn die Mutter ihm die Anzüge seines kürzlich verstorbenen Vaters gibt? Er trägt sie, falls sie passen; und falls sie ihm passen.

6 Biochemische Korrelate für Erfahrungszustände feststellen, ist

eine Sache; nämlich Wissenschaft. Aus ihnen Ursachen von »Geisteskrankheit« zu machen, ist eine andere, nämlich Psychiatrie.

7 Zur lat.-griech. Etymologie des engl. Wortes »memory« gehören Bedeutungen wie »aufmerksam«, »sorgfältig«, »ernsthaft nachdenken«, »vorsorgen«, »denken« (*mindful, anxious, ponder earnestly, care, thought* – nach Skeat, *Etymological Dictionary of the English Language*). All dies weist wohl auf eine Wiederaneignung hin, nicht nur all dessen, was wir selbst sind, sondern auch dessen, was wir waren, als Projektion nicht in jemandes, sondern in unser aller »Zukunft«, da wir sie erfinden.

8 Peter Breggin aus den USA, der bahnbrechende Arbeiten über die neue Welle der Psychochirurgie geschrieben hat, berichtete (beim International Congress of Psychoanalysis on Madness, Mailand 1976), wie in den 30er Jahren in Deutschland das Aufsichtspersonal der Nazi-Vernichtungslager von Psychiatern in psychiatrischen Kliniken über Prinzipien und Praxis der Euthanasie »minderwertigen menschlichen Lebens« unterrichtet wurde.

9 Unsere Taten sind immer auf alle mögliche Weise *konditioniert*, durch alle Arten anderer Korrelate von Erfahrung – aber sie sind nie durch diese determiniert.

10 Ein anderes Beispiel wäre, einfach Volksmusik aus Kuba zu hören, wie ich's eben tu, oder aus Afrika.

11 Kürzlich fragte mich jemand, ob nicht jegliche Kommunikation ein Befehl (Kommando) sei. Je länger ich über so viele Beispiele nachdenke, desto schwerer fällt es mir, diese Schlußfolgerung zu vermeiden. Selbst in folgenden beiden Sätzen eines »neutralen« Wortwechsels: »Wie spät ist es?« – »Es ist elf Uhr.« (Halte deine Verpflichtungen ein!)

12 Siehe »Anmerkung über die Mystifikation«, in D. Cooper, *Wer ist Dissident*, Rotbuch, Berlin 1978, S. 58. Die Mystifikation muß demystifiziert werden – ihre freiwillige Einführung in den interpersonellen Psychologismus muß aufgedeckt werden.

5 Die Erfindung der Nicht-Psychiatrie

1 Selbst so rücksichtslose Kritiker der Psychiatrie – im Establishment – wie Dr. Thomas Szasz setzen Freiheit mit der US-Verfassung und dem bürgerlichen Recht gleich. Was ist das für eine Freiheit, die auf der Versklavung der übrigen Welt, besonders der Dritten Welt beruht, von der der Kapitalismus (der sogar in seinem Ursprung parasitär war, nämlich im Genozid an den Ureinwohnern Amerikas, in der Zerstörung ihrer Kultur und in der Versklavung der Schwarzen) abhängig ist und ohne die er nicht überleben könnte? Wenn es keine Schizophrenie gibt, so gibt es doch um so mehr die Verpflanzung,

die direkte und indirekte Unterstützung faschistischer Militärdiktaturen durch die imperialistischen Länder, den Neokolonialismus und die Kriminalität der multinationalen Unternehmen. Dr. Szasz (der allen Psychiatern den Vorwurf macht, sie begingen Verbrechen gegen die Menschlichkeit, solange auch nur ein psychiatrischer Patient gegen seinen Willen zwangseingewiesen bleibt) ist weit konsequenter und ehrlicher als die meisten (»Psychiatrie ist eine Religion ... ich lehre diese Religion«). Im allgemeinen aber bedeutet die Unterweisung in Psychotechnologie die Einführung einer Polizei-Operation in die Universität, und dies steht im Widerspruch zur berühmten akademischen Freiheit.

2 Ähnlich wie es ein unbegrenztes Reservoir von Arbeitslosen gibt, gibt es auch eine unbegrenzte Zahl von Führern oder charismatischen Schimpansen mit zu kräftig geratenen Stimmbändern. Der bürgerliche Politiker produziert sich nicht selbst, sondern er ist, wie die Ratte im Labyrinth der behavioristischen Psychologie, ganz und gar Produkt – aber er verkauft sich gut.

3 Kürzlich geriet ich in den Widerspruch, daß ich zusammen mit europäischen Psychoanalytiker-Gruppen gegen die Verfolgung von Psychoanalytikern in Argentinien protestierte. Für die Faschisten der dortigen Militärdiktatur ist sogar schon bürgerlicher Konformismus revolutionär. Aber wie können diese politisch bewußten Psychoanalytiker ihre Praxis – ihr Funktionieren für das System – mit der Tatsache vereinbaren, daß sie antifaschistische Genossen sind?

4 Der Psychiater Wolfgang Huber und seine Frau, die im Sozialistischen Patientenkollektiv (SPK) Heidelberg arbeiteten, wurden zu vier Jahren Haft verurteilt, weil man sie ganz offenbar beim Wort genommen hatte. Sie wollten in der psychiatrischen Universitätsklinik die Selbstverwaltung einführen. Die Polizei, herbeigerufen vom psychiatrischen Establishment, »fand« Waffen in ihrem Besitz. Das SPK verfolgte das Ziel, »Krankheit« als Waffe gegen das kapitalistische System einzusetzen; also keine Therapie, sondern eine Methode der politischen Erziehung.

5 D. Cooper, *Psychiatry and Anti-Psychiatry*, Tavistock Publications, 1967 – dt. Übs.: *Psychiatrie und Anti-Psychiatrie*, Suhrkamp, Frankfurt 1971. Siehe auch *Grammar of Living Von der Notwendigkeit der Freiheit*, Kap. 5.

6 David Cooper (ed.) *Dialectics of Liberation*, Penguin, 1968 – dt. Übs.: *Dialektik der Befreiung*, Rowohlt, Reinbek 1969, Kapitel »Jenseits der Worte«. Mit Beiträgen von politischen Aktivisten wie Stokely Carmichael, Theoretikern wie Herbert Marcuse und Theoretiker-Aktivisten wie Paul Sweezy, Herausgeber der unschätzbar wertvollen *Monthly Review*. Siehe auch: D. Cooper, *The Death of the Family*, Penguin, 1970 – dt. Übs.: *Der Tod der Familie*, Rowohlt, Reinbek 1972.

7 Auch sollte keiner der in diesem Kapitel erwähnten Autoren mit meinen Projekten oder mit meinem politischen Standpunkt in Verbindung gebracht werden – in ihrem Interesse, und auch in meinem. Und auch gewisse Strömungen der psychiatrischen Dissidenz und die in diesem Kapitel erwähnten Proteste von Einzelnen und Bewegungen in USA, England und Europa gegen die psychiatrische Gewalt dürfen nicht mit Anti-Psychiatrie, wie ich sie definiert habe, verwechselt werden. Ich habe klar zum Ausdruck gebracht, was ich als anti- oder nichtpsychiatrische Ansätze betrachte (z. B. in Italien).

8 Ähnlich wie Paris im Mai 1968 widerhallte vom Gesang: »Wir alle sind deutsche Juden« (anläßlich der Ausweisung von Dany Cohn-Bendit), so wird auch der Frühling (aller Frühlinge) von '68 wiederkehren, mit einer leiseren Disziplin, die dann aber die Verzweiflung und die Hoffnung anerkennt, nicht nur einen »liberalen« Kommunismus, sondern einen wirklich revolutionären Kommunismus zu schaffen.

9 Besonders wenn sie, wie in manchen Fällen, nach dem Modell der Medizin mit Ausbildungsprogrammen für Therapeuten verbunden sind, die dazu dienen, eine weitere psychotechnische Plage in der Welt zu verbreiten. In Pariser Zeitungen gibt es sogar marktschreierische Reklame für »anti-psychiatrische Therapie« (sogar unter Verwendung meines Namens!). Die Anti-Psychiatrie ist eine politische Widerstandsbewegung gegen die psychiatrische Gewalt. Sie ist niemals ein Brotberuf.

10 Derlei Praktiken sind im Westen die Regel, und darüber hinaus gibt es noch viele andere: verschiedene Formen der chirurgischen Hirnverstümmelung und heute sogar die öffentlich propagierte Konditionierung von »Krankheiten« wie Homosexualität (wobei eine Elektrode am Penis befestigt wird, die die erektilen Reaktionen auf gezeigte Bilder von nackten Männern und Frauen mißt. Schlechte Reaktionen werden durch Elektroschocks bestraft, gute werden durch nichts belohnt). Und so weiter ...

11 Es glaube ja niemand, daß die Bürokratie eine milde Perversion der Macht sei. Die Bürokraten sind keine Klasse (definiert durch ihre Stellung zu den Produktionsmitteln), wiewohl sie im Kapitalismus Beauftragte der herrschenden Klasse sind. Bürokratie ist die akkumulierte Machtausstattung der staatlichen Verwaltung, im Interesse zunehmend zwangsweiser Kontrolle des Volkes. Sie sterben durch ihren Zwang und töten schließlich andere. Eichmann war der perfekte Bürokrat.

11 a Warum sind die Psychoanalytiker sich alles andre als des Unbewußten »unbewußt«? Warum nicht lieber ein Projekt der Entbürgerlichung entwerfen, das am Rand der Verzweiflung nicht proletarisches Bewußtsein, sondern einfach *Bewußtsein* schafft?

12 Lacan zeigt zwar einen bemerkenswerten Ausweg aus der Etikettierung »Ödipuskomplex«: In seinem viel zu wenig beach-

teten Aufsatz »Propos sur la causalité psychique« erwähnt er andere Kulturen, wo das Szenario des Ödipuskomplexes durch andere Formen der Initiation ersetzt ist. Heute machen wir vermehrte Erfahrungen mit diesen anderen Formen des Übergangs vom Kind zu Mann/Frau. In dem Maß, wie wir mit uns selbst experimentieren, wird sich schließlich unsere ärgerliche Verwunderung über Leute verlieren, die versuchen, den Schlüssel, der die Tür zu ihrem Leben aufschließen soll, in der Tasche anderer Leute zu finden, die angeblich solche Schlüssel besitzen. Das Elend der Psychoanalyse ist, daß sie so tut, als hätte sie einen riesigen Schlüsselbund.

13 Siehe Anhang I, »Grundsatzerklärung des *Réseau International* sowie meinen »Brief an das *Réseau*«. Eine wertvolle Quelle ist »Histoire de la Psychiatrie de Secteur«, in *Recherches* No. 17, März 1975, revue du Cerfi.

14 In meiner Lehrveranstaltung in Vincennes (Universität von Paris VIII) – offiziell über »Psychopathologie« – lehre ich z. B. nicht Psychologie, sondern nur die politische Kritik der verschiedenen theoretischen Positionen. In der Praxis sprechen wir miteinander und erzählen uns von unsrem persönlichen *Dilemma* in den Institutionen, in denen wir leben und arbeiten (und immerhin hat jeder zumindest in der Institution der Familie zu schaffen). Die Studenten arbeiten in Heimen für Leute aus Randgruppen, in Schulen, in verschiedenen psychiatrischen Situationen; wir diskutieren über das besondere institutionelle Dilemma einzelner Studenten-Arbeiter und versuchen die beste Strategie zu entwickeln, wie wir eine mikropolitische Erziehungsaktion herstellen können: wer sind die entscheidenden Leute in der institutionellen Situation und ihrer Umgebung (in der Gemeinde), wer könnte und sollte zusammenkommen, um eine Kritik-in-der-Aktion zu leisten, welche die Atomisierung der institutionellen Erfahrung überwinden und mit Hilfe der Solidarität eines »äußeren Netzes« politisches Bewußtsein im internen Netz der Institution und ihrer unmittelbaren sozialen Peripherie schaffen könnte?

15 Franco Basaglia erklärte (in der französischen Zeitschrift *Libération*, Jan. 1977), daß die psychiatrische Klinik Triest im September 1977 geschlossen würde, weil die Logik der psychiatrischen Klinik – Folter und Isolation der Menschen – abgedankt habe.

16 Im sogenannten »Feld der Psychiatrie« werden eine Menge medizinischer Probleme untergebracht. Dies ist Teil der Mystifikation. Jeder hat das Recht auf ärztliche »Kontrolle«, und er wird auf diesem Recht beharren, weil er dafür mit seiner Arbeit bezahlt hat. Es sollte eine kooperative Organisation halbspezialisierter Allgemeinmediziner in den Polikliniken des Stadtviertels oder Bezirks eingeführt werden.
Die Ärzte werden durch ihre Ausbildung rasch zerstört: sie sehen »ihre« Probleme entweder als dyadisch (zwei Personen)

oder als statistisch (keine Person); was dazwischen liegt, *kann* sie ja nicht betreffen. Und in diesen Zwischenraum schleicht sich die Psychoanalyse ein.

Anhang I: Was ist Schizophrenie?

1 Dieser Text basiert auf einer Rede, die ich beim *Japanese Congress of Neurology and Psychiatry*, Tokio, Mai 1975 gehalten habe; ich füge ihn hier an, weil ich feststellen muß, daß es noch immer viel Verwirrung um den Unterschied zwischen Schizophrenie (und Psychose im allgemeinen) und Verrücktheit gibt. Auch scheint es mir notwendig, gewisse methodologische Punkte zusammenzufassen und eine frühere Definition, die ich vor etwa 10 Jahren vorgetragen habe, noch einmal in Erinnerung zu bringen. In verschiedenen Sprachen wird eine Unterscheidung getroffen zwischen »Wahnsinn« in medizinischer Sicht (Italienisch: *pazzia*) und Verrücktheit im allgemeineren Sinn (*follia*), die häufig als eine kreative, inspirierte, mitunter satirische Haltung (wie in den Stücken von Pirandello) aufgefaßt wird; oder jener anderen Art von Irrsinn des repressiven Sozialsystems, jeglicher Form von Bürokratie usw., wofür ich im Englischen das Wort *craziness* bevorzuge. Im Deutschen gibt es den Gegensatz zwischen *Verrücktheit* und *Wahnsinn*. Das Lateinische unterscheidet zwischen *de-ludere* – spielen, spotten usw., und *delirium* – Abweichen von den ausgetretenen Spuren. Das Französische kennt für die beiden Bedeutungen nur das eine Wort *délire*.

2 Gleichsam wie etwas, das in den Zwischenräumen zwischen den Fingern deiner offenen Hand vorgeht.

Anhang II: Grundsatzerklärung des Réseau International

1 Erklärung des *Réseau International*, Brüssel, Januar 1975. Diese Erklärung wurde von einer Gruppe verfaßt, und ich muß mich für den etwas schwerfälligen Stil in der englischen Übersetzung entschuldigen. D. G. C. (. . . ich mich erst recht. d. Ü.).

2 Seit Januar 1975 werden verschiedene Kontakte zu Gruppen außerhalb Europas hergestellt.

3 Diese Erklärung des *Réseau* enthält einen gewissen Rest an Reformismus – was nicht verwunderlich ist angesichts der schieren »materiellen« Gewalt, wie sie in Form von Schmutz und Armut in den psychiatrischen Anstalten im südlichen Europa erscheint. In einer veränderten Gesellschaft kann es keine »bessere« oder »un-repressive« Psychiatrie geben – sondern einfach *keine* Psychiatrie. Der einzige »Mißbrauch« der Psychiatrie, der abgeschafft werden muß, ist ihr Ge-brauch! D. G. C.

4 »Secteur« bezeichnet im Französischen das, was in England ein »catchment area« ist (dt.: Einzugsgebiet). Gemeint ist ein städtischer oder ländlicher Sektor oder Bezirk, der durch einen psychiatrischen Dienst versorgt wird. Dieser kann beispielsweise aus einer psychiatrischen Klinik, einer psychiatrischen Station in einem Allgemeinkrankenhaus, einer Arztpraxis, Hausbesuchen usw. bestehen.

5 D. h. gegen den zunehmenden Einsatz der Psychiatrie durchs System im Sinn einer doppelten Kontrolle. D. G. C.

6 Ich möchte lediglich anfügen, daß wir ja die Existenz der psychiatrischen Klinik und der Sektoren nicht leugnen können. Aufgrund einer adäquaten Untersuchung der makro- und mikro-ökonomischen Bedingungen des Feldes müssen politisch Aktive sich das anti-psychiatrische Bewußtsein, wie es inzwischen in den institutionellen Strukturen besteht, zunutze machen und parallel dazu dessen Widersprüche ausnützen, um die Bevölkerung eines Sektors oder Bezirks für die Möglichkeiten der Selbstverwaltung und der nicht-medizinischen Behandlung »affektiver Probleme« zu sensibilisieren – eine Behandlung, die nicht mehr die Menschenrechte verletzt und die Verrücktheit mitten ins soziale Leben rückt.

7 Dieser Brief wurde veröffentlicht in *Réseau-Alternative à la psychiatrie*, Paris 1977, als Teil einer Sammlung von Erklärungen der Teilnehmer am *Réseau International*. Er wiederholt manche in diesem Buch vorgetragenen Gedanken, aber ich möchte ihn dennoch hier anfügen, da ich das Netz als historisch wichtig ansehe (was auch immer in Zukunft mit ihm geschehen mag); und darum möchte ich auf jenes Stück Geschichte eingehen, das es repräsentiert. Wir müssen sehen, was das *Réseau* – mit seinen eigenen internen Widersprüchen – im Feld zwischen medizinischer Macht und nicht-medizinischer Potenz – bewirken kann, und wir können noch nicht vorhersagen, welche anderen Formen von Aktionsgruppen es irgendwann ersetzen werden.

8 Segismundo: So! Jetzt werde ich dich töten
damit du nicht weiß, daß ich weiß, daß du
um meine Schwäche weißt.
(Er sticht auf Rosanna ein, kann sie aber nicht töten – Rosanna ist eine als Mann verkleidete Frau.)

9 Ja, der Klassenbegriff enthält Unklarheiten. Wer aber wen ausbeutet, das ist Realität. Wenn wir dieses Ausbeutungsverhältnis feststellen, dann erfahren wir die Existenz von Klassen am eignen Leib.

10 Rechtliche Vorschriften gibt es in vielen Ländern, z. B. für die »Undertakers' Lobby« in den USA.

11 Um im Interesse der subjektiven und objektiven Befreiung zu handeln, müssen wir uns gerade die Art unserer Unterdrükkung bewußt machen (und so weiter!). Es entspricht nicht dem Geist der in der Aufklärung des 18. Jahrhunderts verwurzel-

ten europäischen »Linken«, den Bourgeois, und vor allem den Bourgeois in uns selbst zu hassen. Der Bourgeois ist immer der andre. Du kannst ihn sehen. Da ist er! Aber diese Erkenntnis beruht auf der Selbsterkenntnis des eigenen bourgeoisen Charakters.

12 Gewiß ist der Sozialismus in der UdSSR im Inneren mangelhaft, aber er hilft mit, die Dritte Welt zu befreien. Der chinesische Sozialismus hat im Innern beinah einen unmittelbaren, »praktischen« Kommunismus erreicht. Es stimmt nicht, wie Enrico Berlinguer behauptet, daß wir nicht genug über die inneren Vorgänge in China wissen – was sie dort getan haben, ist sichtbar genug (und ich brauche da nicht nur meine eigene direkte Erfahrung heranzuziehen). Aber die lang ersehnte Hochzeit zwischen Rußland und China ist noch lange nicht angekündigt – und wir müssen unseren eigenen Kommunismus machen. Und er wird überall anders sein!

13 Eine nicht zu den Phenothiazinen gehörende neuroleptische Droge, die bei normaler Dosierung jeden Menschen für 24 Stunden in einen seelenlosen Automaten verwandelt. Mao Tse-tung schlug vor, daß alle Ärzte ihre Behandlung an sich selbst erproben sollten. Ein Tag unter Haloperidol – und es gäbe keine Psychiater mehr, und sehr viel mehr chronisch Schizophrene – chemisch kastrierte und lobotomisierte Psychiater.

14 Die Frage der Dissidenz habe ich in meinem Buch *Wer ist Dissident*, Rotbuch, Berlin 1978, untersucht, wo ich den »Mega-Gulag« des Westens beschreibe. Es ist eine Impertinenz, wenn westliche Psychiater versuchen, ihre eignen Praktiken reinzuwaschen, indem sie ihren Brüdern in der Sowjetunion Mißbrauch der Psychiatrie für politische Zwecke vorwerfen: die Psychiatrie selbst ist Mißbrauch der Humanität – für politische Zwecke.

15 A. Vazquez (früher Chile), 21. International Congress of Psychology, Paris 1976.

16 R. Daly (Professor für Psychiatrie in Cork) berichtet über die Untersuchung von 13 irischen Gefangenen, die lang anhaltende negative Persönlichkeitsveränderungen aufwiesen, nachdem sie dieser Behandlung ausgesetzt worden waren. (Compton U. K. government report, 1971; Parker, 1972).

17 Die englische Regierung hat inzwischen zugesagt, diese Praktiken einzustellen (obwohl sie sie an den eigenen Soldaten weiter erprobt, und zwar als Training, falls sie einem »skrupellosen Feind« in die Hände fallen). Doch die militärische Besetzung Nordirlands wird fortgesetzt – nicht um einen religiösen Sektenkonflikt zu ersticken, sondern um noch weiterhin der Bedrohung durch die – weitgehend arbeitslose – irische Arbeiterklasse zu entgehen.

18 Ich glaube, wir sollten diesen Terminus, den ich in den 60er Jahren eingeführt habe, nicht allzu leicht aufgeben (und nicht

nur im Interesse einer dialektischen Terminologie) – trotz der Tatsache, daß er oft falsch verwendet wird und daß es fortgeschrittene Arbeitsbereiche gibt, z. B. Franco Basaglias Tätigkeit in Italien, wo eine anti-psychiatrische Praxis (*Die Negierte Institution*) bereits durch eine nicht-psychiatrische überlagert wird.

19 Agnes Heller von der Budapester Schule um G. Lukács betont z. B. in *Teoria dei bisogni di Marx*, Feltrinelli, 1974 – dt. Übs.: *Theorie der Bedürfnisse bei Marx*, VSA, Hamburg 1976, den Unterschied zwischen primären Bedürfnissen und radikalen Bedürfnissen und stieß damit auf harten Widerstand der offiziellen Partei – denn das, was sie ausgehend von einer gründlichen Beschäftigung mit Marx' *Ökonomisch-philosophischen Manuskripten* von 1844 und den *Grundrissen* sagt, ist für die Bürokratie viel subversiver als ein Dubček-Sozialismus mit »liberalem Gesicht«: das Gesicht kann eine Maske sein, aber was zählt, ist die Realität.

Rotbücher, die zuletzt erschienenen Bände

Paul Gratzik, *Transportpaule oder wie man über den Hund kommt.* Monolog. Rotbuch 171. 200 S. DM 10

Wolf Wagner, *Uni-Angst und Uni-Bluff.* Wie studieren und sich nicht verlieren. Rotbuch 172. 112 S. DM 7 (6)

Jim Burns. *Fred Engels bei Woolworth.* Gedichte. Rotbuch 173. DM 7

Tilman Fichter/Siegward Lönnendonker. *Kleine Geschichte des SDS.* Von 1946 bis zur Selbstauflösung. Rotbuch 174. 200 S. DM 9 (8)

Heiner Müller. *Germania Tod in Berlin.* Rotbuch 176. 96 S. Fotos. DM 8

Wir warn die stärkste der Partein ... Erfahrungsberichte aus der Welt der K-Gruppen. Rotbuch 177. 128 S. DM 7 (6)

Peter-Paul Zahl. *Alle Türen offen.* Gedichte. Rotbuch 178. DM 8

Susan George. *Wie die anderen sterben.* Die wahren Ursachen des Welthungers. Rotbuch 179. 192 S. DM 12 (11)

Vera Kamenko. *Unter uns war Krieg.* Autobiographie einer jugoslawischen Arbeiterin. Mitgearbeitet Marianne Herzog. Rotbuch 180. 112 S. DM 7 (6)

Gerhard Armanski. *Die kostbarsten Tage des Jahres.* Massentourismus – Ursachen, Formen, Folgen. Rotbuch 181. 112 S. DM 8 (7)

Helga M. Novak. *Margarete mit dem Schrank.* Gedichte. Rotbuch 182. 80 S. DM 8

Fernando Claudin. *Zukunft des Eurokommunismus.* Rotbuch 183. 160 S. DM 9 (8)

Heiner Müller. *Mauser.* Rotbuch 184. 104 S. DM 8

3. Internationales Russell-Tribunal. Zur Situation der Menschenrechte in der Bundesrepublik Deutschland. Band 1 (1. Sitzungsperiode). Rotbuch 185. 192 S. DM 8 (7)

Peter Schneider. *Die Wette.* Erzählungen. Rotbuch 186. 112 S. DM 8

Fernando Mires. *Kuba: Die Revolution ist keine Insel.* Rotbuch 187. 160 S. DM 9 (8)

Dario Fo. *Einer für alle, alle für einen! Verzeihung, wer ist hier eigentlich der Boß? Zufälliger Tod eines Anarchisten.* Rotbuch 188. 192 S. DM 10

Gerhard Seyfried. *Wo soll das alles enden.* Kleiner Leitfaden durch die Geschichte der undogmatischen Linken. Rotbuch 189. 96 S. DM 8

David Cooper. *Wer ist Dissident.* Rotbuch 190. 64 S. DM 6

Hanna Lévy-Hass. *Vielleicht war das alles erst der Anfang.* Tagebuch aus dem KZ Bergen-Belsen 1944–45. Mit einem Gespräch 1978. ca. 96 S. DM 7 (6)

Stefan Schütz. *Stasch.* Majakowski/Der Hahn/Stasch 1 und 2. Rotbuch 192. 144 S. DM 9

David Cooper. *Die Sprache der Verrücktheit.* Erkundungen ins Hinterland der Revolution. Rotbuch 193. 176 S. DM 12 (11)

Jürgen Theobaldy. *Sonntags Kino.* Roman. Rotbuch 194. 160 S. DM 10

3. Internationales Russell-Tribunal. Band 2: Schlußgutachten der Jury zu den Berufsverboten. Rotbuch 195. 144 S. DM 7 (6)

Dieter E. Zimmer. *Ich möchte lieber nicht, sagte Bartleby.* Gedichte. Rotbuch 196. 80 S. DM 8

Ein ganz gewöhnlicher Mordprozeß. Das politische Umfeld des Prozesses gegen Roland Otto, Karl Heinz Roth und Werner Sauber. Rotbuch 198. 160 S. DM 9 (8)

T. Nairn/E. Hobsbawm/R. Debray/M. Löwy. *Nationalismus und Marxismus.* Anstoß zu einer notwendigen Debatte. Rotbuch 199. 128 S. DM 8 (7)

Ernest Callenbach. *Ökotopia.* Notizen und Reportagen von William Weston aus dem Jahre 1999. Rotbuch 200. 224 S. DM 12

Peter O. Chotjewitz. *Die Herren des Morgengrauens.* Romanfragment. Rotbuch 201. 192 S. DM 12

Jacobi/Müller-Jentsch/Schmidt (Hr.). *Arbeiterinteressen gegen Sozialpartnerschaft.* Kritisches Gewerkschaftsjahrbuch 1978/79. Rotbuch 1979. ca 224 S. ca. DM 9 (8)